# 政务元宇宙

孟庆国 严 妍 赵国栋 著

中国出版集团
中译出版社

图书在版编目（CIP）数据

政务元宇宙 / 孟庆国，严妍，赵国栋著 . -- 北京：中译出版社，2022.8（2022.9 重印）
　　ISBN 978-7-5001-7145-4

Ⅰ . ①政… Ⅱ . ①孟… ②严… ③赵… Ⅲ . ①电子政务 Ⅳ . ① D035-39

中国版本图书馆 CIP 数据核字（2022）第 123439 号

**政务元宇宙**
ZHENGWU YUANYUZHOU

著　　　者：孟庆国　严　妍　赵国栋
策划编辑：于　宇　田玉肖
责任编辑：于　宇
文字编辑：田玉肖
营销编辑：杨　菲
出版发行：中译出版社
地　　址：北京市西城区新街口外大街 28 号普天德胜大厦主楼 4 层
电　　话：（010）68002494（编辑部）
邮　　编：100088
电子邮箱：book@ctph.com.cn
网　　址：http://www.ctph.com.cn

印　　刷：北京中科印刷有限公司
经　　销：新华书店
规　　格：710 mm×1000 mm　1/16
印　　张：18.5
字　　数：195 千字
版　　次：2022 年 8 月第 1 版
印　　次：2022 年 9 月第 2 次印刷

ISBN 978-7-5001-7145-4　　　　　定价：79.00 元

版权所有　侵权必究
中　译　出　版　社

## 编写委员会
（排名不分先后）

**清华大学团队：**

孟庆国　张　楠　张少彤　王友奎　王理达　周　亮　索　成

**开普云团队：**

严　妍　赵国栋　肖国泉　李绍书　杨春宇　王　瑛　马文婧
贾亦赫　崔博阳　祝　捷　王　静　孙　旭　彭祖剑　石庆孝
汪　聪　刘海明　周　键　田　鹏　杜奕强　梁全锐　肖　克
李小夏　杨志方　干　敏　周　浩

# 序 一

进入新世纪以来，随着新一代信息技术广泛而深入的应用，以数字化转型推动生产方式、生活方式和治理方式的变革，已经成为全球经济社会发展的基本趋势和规律。各个国家纷纷利用互联网、云计算、大数据、区块链、人工智能等数字化技术来推进国家治理的现代化成为必然的战略选择。在我国，将数字技术广泛应用于政府管理服务成为广泛共识并上升为国家战略。利用数字技术推进政府治理流程优化、模式创新和履职能力提升，构建数字化、智能化的政府运行新形态，充分发挥数字政府建设对数字经济、数字社会、数字生态的引领作用等已经成为我国数字化发展举措的重要内容。

技术发展没有止境，创新治理没有止境。人们在思索大数据、区块链、人工智能等数字技术创新应用的同时，又迎来了一次更加具有颠覆性的新技术应用，这就是元宇宙。可以说，不论是在数字政府建设领域，还是在数字经济、数字社会发展方面，元宇宙带来又一次巨大的冲击波，进一步激起了社会各界对未来数字化发展的思索。无论是政府部门，还是产业界，普遍认为元宇宙是数字化技术发展中的又一次风口，必将在数字化发展的各方面形成新的模式和赛道。数字政府作为数字化发展的龙头，在元宇宙迅猛而来的大潮推动下，如何实现进一步发展和转型，已经成为大家迫切关注和思考的课题。如何认识元宇宙在数字政府建设中的作用和地位？尽管当下还存在许多争议和分歧，但我们认为元宇宙时代一定会到来，也一定会对数字政府建设产生深远影响，会推动数字政府建设进入一个新的发展阶段。

从本质上讲，元宇宙是技术与治理的又一次融合创新，并已经成为当前全球数字化发展中最具活力的组成部分。数字领域的领先国家（或政府、产业界）纷纷推动出台元宇宙相关举措，力争头筹，抢占先机，以此获得新的竞争优势。这些国家不仅在技术和产业上具有主导地位，在规章制度建设上也保持立法先行的做法。在我国，实施网络强国战略、建设数字中国等重大举措，推动了新一代数字技术在数字政府建设领域的深入广泛应用，使得我国数字政府建设水平稳步提升，数字政务服务效能显著提升。联合国发布的《2020联合国电子政务调查报告》显示，我国电子政务在线服务指数已跃升至全球第9位，达到"非常高"的水平。要继续保持我国在数字政务服务水平上的良好势头，就需要在技术和治理上继续寻求创新和不断突破。毋庸置疑，元宇宙就是下一个政府数字化转型的新引擎，我们需要抓住这个时代的机遇。推动元宇宙技术在数字政府建设中的应用，不仅能极大地推动数字政府的建设水平，也能够在元宇宙技术自主创新和产业发展上提升国际产业竞争力，从而为我国数字经济的发展提供更加强劲的驱动力。所以，当下非常有必要深入研究元宇宙对数字政府建设带来的变革作用，充分理解和把握元宇宙技术及其应用规律，探讨推动元宇宙助力我国数字政府建设与创新的问题。

随着新一代数字技术的发展和政府治理理念的升级，我们通常会把数字政府建设和发展划分为四个阶段：电子化政务阶段、网络化政务阶段、数字化政务阶段和智能化政务阶段。从技术层面来看，这四个阶段分别对应了以计算机技术、互联网技术、大数据技术和人工智能技术为核心的技术应用。进入元宇宙的发展时期，我们可以把数字政府建设和发展阶段的划分进一步拓展到第五个阶段，即元宇宙政务阶段，该阶段以元宇宙技术为主导。按照目前的理解，元宇宙技术是一个技术形态体系，即包括互联网、大数据、人工智能、区块链、Web3.0等技术的综合运用，也包括对现实扩展技术、多端交互技术、数字孪生技术、价值链技术等新兴技术的交叉集成，本质上是促进物理世界和数字空间融合，实现具有沉浸感体验和智能人机交互的支撑环境和创新模式。按照上述阶段论分析，数字政府发展到元宇宙时代，我们可以将这个阶段的数字政府创新对应地称为元宇宙政务。但需要说明的是，在本书中我们并没有使用元宇宙政务的概念，而是直接称为政务元宇宙，这其中的考量除了参照目前元宇宙在各行业的惯用称谓因素之外，也希望把元宇宙政务的外延进行必要的扩展，以便更加准确地体现未来数字政府建设所包含的应有之意。也就是说，政务元宇宙的概念不仅包含了元宇宙相关技术在政务模式创新和政务服务形态中的应用，也包含了政府治理范式在元宇宙环境下的变革问题。

本书的核心内容包括两篇导论和十二个章节。导论部分对政务元宇宙概念的提出背景和由来进行论述，让概念和内容更完整，以便读者更好地把握政务元宇宙提出的必然性和时代意义。

第一章从元宇宙缘起开始讨论，重点阐述了元宇宙的三大核心特征，以及元宇宙作为数字技术发展新阶段对政府数字化转型带来的变革作用，进而引出政务元宇宙的概念。

第二章是全书的重点内容，定义了政务元宇宙，认为政务元宇宙是现实世界和数字空间虚实共生的政府治理新模式和新体系，即利用虚拟现实、数字孪生、人机协同等新型数字技术，以沉浸式、交互性、场景化方式创新政府决策、管理和服务，建立形成高效、互动、开放、参与的政府治理新模式，打造泛在可及、智慧便捷和公平普惠的数字政府新体系；在此基础上，本章还梳理了政务元宇宙的五大核心要素构成和总体架构体系。

第三章论述了政务元宇宙的交互与数字人体系，基于交互方式的变革，对数字人的分类及其在政务服务领域创新应用的呈现特点、应用层次和服务能力进行阐述。

虚实空间的融合是元宇宙的基本特征，是元宇宙的时空要素，因此第四章着重探讨政务元宇宙虚实空间与场景问题，论述了政务元宇宙虚实空间与场景入口的数字化、空间的虚拟化和场景的泛在化的主要体现形式。

在元宇宙中，一切所见即为数据，数据融合和数据治理是构建政务元宇宙的基础，因此第五章专门讨论政务元宇宙的数据融合与治理问题，聚焦政务元宇宙的数据资源内容、数据关联关系等内容，对政务元宇宙数据治理进行论述。

新型基础设施与交互装备是元宇宙的支撑环境和实现手段，

因此第六章着重论述政务元宇宙构建过程中的新型基础设施与交互技术装备问题。

第七章至第十章探讨了政务元宇宙的业务体系。因为人们对政务元宇宙业务体系的认知还处于比较初级的阶段,勾勒其完整的业务体系目前还比较困难,所以第七章对政务元宇宙业务体系进行相对粗浅的总体描述之后,第八章至第十章更多地是采用案例场景的方式阐述政务元宇宙的业务内容。

考虑到各地政府已经开始如火如荼地进行元宇宙的落地探索,第十一章尝试给出政务元宇宙建设与运营的一个方法论。与其说是方法论,不如说是元宇宙建设运营实施的操作步骤,内容也比较粗浅,更多地是为地方政府进行元宇宙的落地实施时提供参考。

从当前的各种观点和争论中也可以看出,在数字政府中引入元宇宙是一件比较有争议的事情,争议的主要来源是担心元宇宙会带来很多不确定的风险,第十二章的内容就是对政务元宇宙可能带来的风险进行分析,并尝试给出政务元宇宙发展风险评估框架,在此基础上探讨政务元宇宙的风险治理策略和实现机制。

整体上来讲,本书的内容还比较粗浅,但我们认为这种探索还有非常有必要的,因为任何事情都是从迈出第一步开始的。本书的观点也可能面临着许多争议,甚至基本的立场也可能会被质疑,我们认为这也是正常而必要的。一个新概念或者一个新事物的最初出现,往往是在质疑甚至是不赞同中逐步确立起来的。我们撰写这本书的初衷,就是想在一定程度上能够引起大家对政务元宇宙的关注,并能够促进大家在学理上进行讨论,减少在思考交流一个共同概念的时候出现偏差和混乱。同时,我们也尝试为地方政府在推进政务元宇宙实践探索上尽可能提供一些参考,让政务元宇宙能够在一个理性的、适合的轨道上得到落地和推进。

探索没有止境,一切都在发展中不断完善。

是以为序。

**孟庆国**

# 序 二

　　元宇宙不是一个单一的概念或技术，它是一系列技术的集合，是人工智能（AI）、密码学、传感器、网络通信、图形计算等技术发展到一定阶段并相互融合的产物。元宇宙是整合多种新兴技术并以虚实融合、虚实相生为明显特征的下一代互联网表现形态，会逐渐深入社会的各类型场景中。元宇宙先天具有技术统摄性、场景多样性、持续演进性等特点。在元宇宙中，人们在增强现实（AR）设备、虚拟现实（VR）设备等新型设备的支持下，利用自然而然的交流方式，在亦实亦虚的场景中，进行自由自在的创作，获得亦真亦幻的体验，完成随时随地的交易。

　　支撑元宇宙的基础技术一直以来都和元宇宙的应用场景相互促进、共同发展。目前，元宇宙更多地应用于社交、游戏等消费应用领域，这些领域的庞大的用户基数和使用频率带来的技术压力，极大地提升了元宇宙中数字人与虚实场景的实时渲染、压缩感知、高速通信等元宇宙共性基础技术的水平。AR设备、VR设备等新型的交互与展示设备，经过数年的蛰伏与技术积累，也取得了技术上的长足进步并进入了快速发展的新阶段，为元宇宙的普遍应用提供了具有初步沉浸感的体验界面。虚拟主播直播带货等具有明显商业价值的应用场景，同样促进了数字人制作技术水平的不断提升及制作成本的持续降低。当前，元宇宙在各个应用场景中所取得的技术进步，都将进一步促进元宇宙在政务、教育、医疗等更广泛的领域进行深层次的应用。

元宇宙的持续运转需要海量的数字内容作为支撑，无论是游戏中的各种角色、场景、道具，还是教育培训中的各种器材、设施、操作规范，以及政务场景中的政务大厅、政策文件信息，本质上都可以生成数字内容。元宇宙中数字内容的数量和质量直接决定了元宇宙的生命活力。在当前的影视制作、建筑设计等领域，数字内容的生成更多依赖于专业设计制作人员在各类计算机辅助设计软件中进行手动生产，这种内容创作方式虽然精度高，但生产速度无法满足元宇宙场景对数字内容生产效率的需求。在元宇宙场景中，海量数字内容的持续生成需要更多地利用人工智能技术自动完成。例如，通过通用视频录制，无须人工编辑，即可自动快速生成高写实的数字人；根据文本或语音，无须动作表情编排，即可快速生成具有丰富情感表达的数字人交互内容；通过单张照片拍摄，无须复杂昂贵的三维扫描，即可快速生成高写实的虚实空间场景。

元宇宙除了对数字内容的生产数量和生产效能要求高之外，对数字内容的展示形式以及交流互动的效率也提出了更高的要求。目前的 AR 设备、VR 设备已经能够提供基本的沉浸式、融合式体验，但距离理想的高沉浸感还有一定差距，这需要显示、传感、计算、通信等技术的协同进步。显示分辨率从 4K 逐步提升到 8K 乃至 16K，将有效消除 VR 视觉颗粒感。发展更丰富多样的体感传感器和组合运动设备、提高计算与通信效率，可以有效缓解视觉与体感体验不一致导致的VR晕动感。

随着各类技术的发展，各行业都开始积极探索如何构建元宇宙应用，但元宇宙涉及的技术点多、技术栈全，应用场景涉及虚实交互，实现难度大。聚焦细分行业、细分领域，可能是推动元宇宙发展的主要路径。《政务元宇宙》是作者根据多年政务业务经验编写而成，结合元宇宙技术积累，为政务用户提供了一幅业务清晰、逻辑完整的政务元宇宙画卷。该书创造性地提出了政务元宇宙的核心要素，并围绕核心要素提出了构建政务元宇宙的总体架构，全面而深刻地描绘了元宇宙在政务领域里的近百种应用场景，阐述了元宇宙环境下的政务治理模式和政务服务形态的创新。

本书介绍的政务元宇宙应用场景及其支撑技术，定义了数字政府的新形态，为政府数字化转型描绘了蓝图。在政务元宇宙的未来发展中，技术与应用是相互促进、彼此成就的关系，技术进步为应用创新提供坚实的基础，应用创新为技术进步提供重要的推动力。利用虚拟现实、人机协同等技术，可以拓展现有政务服务的时空范围，提升其沉浸性、交互性，使公众随时随地都能获得更好的服务体验。通过数字孪生、增强现实等技术，可以场景化创新政府决策、管理和服务，建立一个高效、互动、开放、参与的政府治理新模式。政务领域对身份、安全等方面的强烈需求，也将促进身份认证、内容安全等方面的人工智能与密码学技术的深入发展。

希望本书能为关注政务元宇宙建设和应用的同人提供帮助。

汪　敏

开普云信息科技股份有限公司董事长

# 序 三

首先，感谢写作团队邀请我为《政务元宇宙》写推荐序，让我得以成为这本新著较早的读者之一。在此之前，我与写作团队进行了深入的沟通，以便更好地理解这本书的价值。先从我对元宇宙的理解谈起吧。可以说元宇宙是当下最时尚，也是最华丽的技术概念。尽管业界现在对元宇宙并没有一个统一的定义，而且还有颇多争议，透过那层笼罩在元宇宙上的迷雾，我们看到的不仅是那些被高度渲染的、立体的且动态的数字化图景，还有对人类未来生存空间的美好想象。多年来，人类矢志不渝地探索着如何拓展自己的生存空间：一个方向是对物理空间的延伸与拓展，最终指向了对太空的开发；另一个方向则是对信息空间的创造，并将之叠加在物理空间和社会空间之中，在经历了各种技术演变之后，最终指向了"元宇宙"。

我理解的"元宇宙"包含三个层次：个人的元宇宙、组织的元宇宙和社会的元宇宙。第一，我将那些以游戏形态存在的，以满足个人娱乐需要的应用场景称为个人的元宇宙，它符合对元宇宙及其功能的初级想象。第二，无论对于公共组织还是私人组织，元宇宙作为现代信息技术的集大成者，可以为提升组织信息能力提供新方案，比如可以提升组织内部的协同能力或者组织与外部环境交互的能力，我称之为组织的元宇宙。第三，对于那些被想象或设计成对真实空间的镜像，进而被负载了特定社会功能的应用场景，我称之为社会的元宇宙。关于元宇宙的多数讨论均将其最终状态指向了虚实融合的社会元宇宙。如果说，在互联网所构筑的"虚拟世界"中物理空间消失了，那么在元宇宙中，空间与那些扁平的文字与图像一样，实现了虚拟流动，或者说空间的转移。

《政务元宇宙》一书为我们认识和理解组织层面尤其是公共组织的"元宇宙"提供了一个独到的切入口，即用"数字人"的概念阐释了组织交互方式的变革。交互需要解决的核心问题是如何降低相互理解的成本或者说对关键信息的学习成本。与数字服务相比，人工服务的优势在于可以与服务对象形成直接互动，从而准确地捕捉需求，形成有效的对话。标准化的传统数字服务形式虽然可以减少甚至取消对人工的使用，但是在针对性方面总是存在不足。例如，我们经常遇到的一个场景是，无论是文字还是音视频互动，总是不如打电话更方便。"数字人"的价值核心便是在减少人工的同时增加有效的对话。因而，"数字人"的内涵不是创造形象的分身，而是构筑具有更高质量的数字互动模式。

《政务元宇宙》作为公共服务领域的元宇宙研究的开山之作，我认为其贡献是明显的。具体来讲表现在三个方面：首先，本书从概念上提出了"政务元宇宙数字人"，明确界定了公共服务中的"数字人"的身份角色，为"数字人"这一通用概念在不同业务场景中的延伸提供了创新的基础；其次，本书从方法上对组织层面的"元宇宙"建设进行了系统性的总结，不仅包含了技术开发方法，还涉及从投资、运营到治理等各个环节；最后，本书从应用上对政务元宇宙的场景进行了全面细致的梳理，通过对近百种具体场景的讨论，既可以为公共部门关于元宇宙的顶层设计提供丰富的想象空间，又可以降低政务部门在元宇宙探索中的盲目性，真正提高人民群众利用数字化公共服务的获得感。

总之，尽管我们对元宇宙以及政务元宇宙的理解一定还会继续深化，但我相信《政务元宇宙》这本书不仅可以为今后公共部门的元宇宙建设提供启发，也可以为其他行业的"数字人"发展提供借鉴。最后，再次感谢开普云写作团队的辛勤付出，他们为业界提供了如此丰盛的一份知识大餐，让我们能够把对元宇宙的思考放在具体的时空场景中，从而对它有了更加清晰的理解。

黄　璜

北京大学政府管理学院副院长

2022 年 2 月 27 日晚于万树园

# 目 录

导论一：人类社会迎来元宇宙时代 · 001

导论二：元宇宙是政府数字化转型的新引擎 · 013

## 第一章
## 元宇宙与政务元宇宙

第一节　元宇宙缘起 · 027

第二节　元宇宙的三大核心特征 · 034

第三节　元宇宙与数字政府 · 039

## 第二章
## 政务元宇宙的概念与要素构成

第一节　政务元宇宙的概念与核心要素 · 049

第二节　政务元宇宙的总体架构 · 057

第三节　政务元宇宙的实践探索 · 065

# 第三章
## 政务元宇宙交互与数字人

第一节　数字人——交互方式的变革 · 077

第二节　数字人的分类方式 · 082

第三节　政务元宇宙中的数字人 · 093

# 第四章
## 政务元宇宙虚实空间与场景

第一节　政务业务入口的数字人化 · 101

第二节　政务业务空间的虚拟化 · 108

第三节　政务业务场景的泛在化 · 113

# 第五章
## 政务元宇宙数据融合与治理

第一节　政务元宇宙的数据资源内容 · 117

第二节　政务元宇宙的数据治理关键环节 · 121

第三节　政务元宇宙数据治理的突出问题与解决思路 · 126

# 第六章
## 政务元宇宙新型设施与装备

第一节　元宇宙交互技术与装备 · 134

第二节　政务元宇宙的关键技术 · 138

第三节　政务元宇宙的新型基础设施 · 143

## 第七章
## 政务元宇宙业务与应用

第一节　政务元宇宙的业务体系 · 149

第二节　政务元宇宙助力履职能力提升 · 153

## 第八章
## 政务元宇宙的政务服务应用

第一节　信息发布 · 165

第二节　行政服务 · 171

第三节　互动交流 · 175

第四节　便民服务 · 180

第五节　教育培训 · 187

第六节　文化旅游 · 192

## 第九章
## 政务元宇宙的社会治理应用

第一节　城市与社区管理 · 201

第二节　交通管理 · 206

第三节　应急管理 · 210

第四节　公共安全 · 214

# 第十章
## 政务元宇宙的监测监管应用

第一节　生态环境 · 221

第二节　公共资源 · 227

第三节　其他应用 · 230

# 第十一章
## 政务元宇宙建设与运营

第一节　政务元宇宙构建方法论——"七步法" · 235

第二节　政务元宇宙三大关键支撑体系 · 243

第三节　政务元宇宙的建设运营机制 · 248

# 第十二章
## 政务元宇宙发展风险与治理

第一节　潜在风险分析 · 253

第二节　政务元宇宙风险治理与策略 · 261

**后　记** · 267

导论一

# 人类社会迎来元宇宙时代

毋庸置疑，元宇宙时代已经来临！在元宇宙时代，数字人将体贴周到地提供随叫随到的高品质服务；政务元宇宙将公平公正地提供利企亲民的公共产品，为大数据、云计算、物联网、区块链、人工智能技术提供发挥价值的应用平台。这不仅是计算机技术、互联网技术、信息技术从业者的盛宴，更开启了人类美好生活的新篇章。

## 一、认识世界与改造世界

认识世界与改造世界是人类历史发展的一条核心主线。

从古希腊到文艺复兴后期，很长一段时间里，认识世界是科学技术的主要目标，围绕世界能否被认识、怎样认识世界以及世界是怎样的，成就了众多哲学学派。从历史上看，认识世界是推动人类科技进步的主要原动力。从最初的视觉、听觉、触觉、嗅觉和味觉到通过工具探索、通过仪器发现，随着科技的快速发展，人类认识世界的手段越来越丰富，认识的世界的边界在迅速外延。从地心说、日心说到天文望远镜下的浩瀚宇宙；从金木水火土五种物质到不断被实验丰富的包含118种元素的元素周期表；从静思下的万物有灵到机械论、系统论，人类在科学理论和技术手段的变革中持续突破着对世界的认识。

数字时代的到来，为人类提供了一个认识世界的全新工具——数据。通过数据，人们可以洞察宏观经济的波动和微观经济的起伏；通过数据，人们可以预测社会的重大事件和碳中和的重大时点；通过数据，人们可以了解个体兴趣追求和健康状况……元宇宙是数字时代的新发展阶段，这个阶段的重要特征就是数据变得可感——可视、可听、可触、可嗅和可尝。数据以一种全新的可理解的形式展现出来，比如具有栩栩如生的外形和由人工智能驱动的数字人。元宇宙为人类所认识的世界打开了一个全新的领域，这是传统网络空间的全面拓展，是传统线下世界的全面外延。

历史证明，人类不仅可以认识世界，而且可以改造世界。随着人类开始使用工具，在认识世界的过程中，人类通过劳动和实践也一直在改变着世界。在石器时代，一块不规则的石头被改造成斧头；在青铜器时代，金属被炼成自然界中从未存在过的器皿和乐器；在信息化时代，数据成为调节生产和实施治理的重要资源。技术的演进不断提升着人类改变世界的能力。大数据、云计算、物联网、区块链等现代信息技术的发展，让停留于档案中和纸面上的数字变得生动起来，它们汇聚在一起勾勒出这个世界的新样貌，这个样貌从模糊不清到触手可及，从枯燥沉寂到生动交互。过去，这个新世界在科幻小说如《三体》里，在科幻电影如《阿凡达》里，在电子游戏如《我的世界》里。现在，这个世界正向我们走近，这就是元宇宙。元宇宙不仅勾勒出一个新世界，而且为人类改变世界提供了新的工具。在元宇宙时代，社会分工和生产岗位更加多元丰富，面对面交流更加自然，国家治理更加智慧、精细。

## 二、数据透视下世界的模样

人类眼中的世界是怎样的？它与真实客观的世界是一致的吗？人类在改变这个世界或是创造一个新世界吗？亚里士多德的地心说认为，宇宙是一个有限的球体，分为天地两层，地球位于宇宙中心，所以日月围绕地球运行，物体总是落向地面。地心说体系可以很好地和当时的观测数据相吻合，因此被大众广泛接受并被当时的教廷认为是神圣不可侵犯的真理的一部分。1543年，波兰天文学家哥白尼发表了《天体运行论》，提出日心说，但由于缺乏足够的宇宙观测数据，"坚实的大地是运动"这个观点在那个时代令人难以接受，因此《天体运行论》出版以后的半个多世纪里，日心说仍然很少受到人们的关注，支持者更是寥寥无几。日心说的捍卫者、发展者乔尔丹诺·布鲁诺被宗教裁判所判为"异端"烧死在罗马鲜花广场。直到 1609 年,伽利略使用天文望远镜发现了支持日心说的新天文现象后,日心说才开始引起人们的关注。随着天文望远镜等技术的发展,人类可以"看清"越来越远的"宇宙"。

从经验到理性,从模糊到清晰,从模拟到数字化,随着技术实验手段的进步和科学理论的发展,人类对这个世界的认识越来越深,也进入更多未知的领域。从计时计数到测量计算,数字似乎在告诉人们,世界是可以被精准描述的,未来是可以被预测的。甚至有人说这个世界就是数字的,人和万物都是程序和应用,那些物理、化学等科学原理也是超级计算机确立的算法规则,整个世界不过是"造物主"这个超级程序员编出来的游戏。这种说法听上去与人们的感受相比是反常的,背离了物质第一性的原理,仅是一个大胆夸张的猜想或是一个吸引眼球的炒作,但当人们用数字来描述事物时,数字的确是一个很不错的工具。这也提供了一个有意思的创意思路——人们可以通过程序创建一个完整的虚拟世界,这个虚拟世界姑且被称为"元宇宙"。既然如此,我们暂且不去争论数字与真实世界的关系,只是透过它来认识这个世界。

中国传统神话中有一位神仙叫作二郎神,他的第三只眼可以看清假象和虚境。在信息时代,数据就是人类的第三只眼。海量数据在描述着形形色色的物体,高速的连接在揭示着物体和事物之间的关系。快递小哥的轨迹、家庭财富的增长、防范罪恶的天眼、手机屏幕的弹窗……数据透视下,世界变得更清晰也更嘈杂。人类在用数据极力描述这个世界,极力看清这个世界,极力增强摒弃干扰、鉴别真假的能力。数据透视下,人类在探索这个世界,诊断这个世界，改造这个世界。

数据透视最直接的结果就是发现关系。中国的经济学家们常常把用电数据作为经济运行的重要"晴雨表"，因为数据显示，发电量、用电量与经济发展情况具有高关联度。从长远来看，随着5G、人工智能、大数据等新型基础设施建设的加快，新兴产业的用电量将会持续增长，这些用电结构变化折射出我国经济新动能不断壮大，产业结构不断优化。类似的数据透视的案例还包括城市生活用水量与居住人口的关系、居民投诉量与社会治理短板的关系等。

元宇宙提供了数据透视的最新工具，以形象化、具体化、三维化的形式展现这个世界。通过元宇宙中的数字孪生，人们可以用同一套规则对特定事件的未来进行可视化模拟和预测，比如政府关于美丽乡村建设的政策措施在特定地区和群体中需要多长时间才能落地和被接受、第三个孩子的出生给一个家庭带来的冲击和变化等。通过元宇宙中的虚拟场景，人们可以从事更加身临其境的数字人直播或数字人教学工作，体验没有实际伤害的极限运动等。元宇宙打开了一个新世界的门，门里不仅映射着现实的生产力和生产关系，而且呼唤和孕育着新的生产力和新的生产关系，共享、共创、共建、共赢将是这个新世界必须遵守的基本规则。

## 三、当数据成为生产要素

随着信息技术的发展，数据在国民经济运行中越来越重要，数据不但能提高生产效率，而且在很多时候，数据本身就是生产力的重要组成部分，是推动许多新兴产业发展的基础。

数据被纳入参与分配的生产要素，不但会鼓励数据更充分地发挥价值、促进新产业的蓬勃发展，也会更加明晰数据收集和使用的行为规则，促进保护个人数据中与隐私相关的信息不受侵害，防止滥用数据进行不正当竞争。数据的财产性在生产要素层面、审计层面的确立，还必然推动数据在产生层面、数据源头的进一步严格确权。因此，数据要素的高效配置是推动数字经济发展的关键一环，也为数字产业的新形态奠定了政策和制度基础。同时，近年来，中国政府持续推进政务数据开放，加快推动各地区、各部门间数据共享，制定和出台一批批数据共享责任清单，建立和优化基础数据库，完善统一规范的数据管理制度，加强对政务数据、企业数据和个人数据的保护。这些工作为数据作为生产要素参与生产和分配创造了良好的条件。

元宇宙是由数字构成的新的网络空间，数据是一切元宇宙物品的基础。中国互联网经过近30年的发展，经历了互联网时代、移动互联网时代，经历了物联网、互联网+、区块链浪潮的洗礼，在消费领域实现了网络购物、网络社交、网络出行等广泛的应用，在政务领域推进了"十二金"工程、全国一体化在线政务服务平台、政府网站集约化建设等工作。大数据、云计算从提出概念到广泛应用，只用了短短几年时间。数据赋能不再仅仅是理论研究，而是奔腾而来的大势，元宇宙的雏形正是在这样的大势中破土而出、顺风成长。

有人认为用数据创造世界要靠科学家、工程师、数据分析师、精算师等具有专业技能的群体，与普通百姓无关。但当人们看到小学生坐在电脑前,用鼠标和指尖操控着一串串模块式的代码完成编程任务时,当人们看到白发老人用视频拉老朋友旅游时,就会发现,用数字创造世界不再是少数群体的专利,而是人人参与、人人身在其中的。供给方和需求方的界限在网络交互式扁平化的作用下消弭融合。因为连接共享、操作系统的底层化、数字应用的便捷化,数据成为普适性的、可用的生产要素,融入了人们的生活,被人们操控于指尖,成为人们身体功能的延展。数据作为生产要素之于元宇宙,就像水墨丹青之于国画,看似毫无关联的着笔,成稿时已是一副元宇宙的样貌。新的经济体系或许已经孕育其中。

## 四、数字新世界与新挑战

现在,人们对网络毫不陌生,似乎网络千百年来就在这个世界上存在。人们伴随着网络的发展而逐渐成长,也成为改变网络世界的新兴人群。游戏、视频、网课、网购、有声书、直播已经成为人们生活中的一部分。物联网、VR穿戴设备、虚拟场景、数字人、语音识别、人脸识别、姿势操控……一个全新的数字世界从人类几千年的文明中浮现出轮廓。随着这个新世界打开大门,变得越来越清晰,元宇宙应运而生。

元宇宙是人们对美好生活向往的产物。人类的发展伴随着对梦想的追求,技术是人类实现梦想的重要手段,是人类与自然沟通的重要渠道,是向自然索要资源来满足自身需求的重要途径,是改变自然从而满足自身生存环境需要的重要方式,是解决人类生存发展中遇到的问题的重要支撑。技术解决人类遇到的问题,走过了工具化、机械化、电气化、信息化、数字化的道路。技术的进步使人类拥有了高楼大厦、电灯、电话、汽车、高铁、飞机、飞船；使人们对美好生活也越来越充满想象，对技术的使用充满信心。当数字新世界以炫目的应用不断刷新人类的认知时，人类开始希望通过元宇宙技术，拉近时空的距离，释放思维的力量，把所见即所得的世界创造为所思即所得的"宇宙"。

在元宇宙中，人们的沟通进入了一个虚拟的世界。在这个新世界里，人与人对话，人与物对话，物与物对话。公共管理者最为看重的年轻群体进入了这个世界，因此了解他们成为开展治理的第一道门槛，这是一个全新的挑战。"网络动员""舆情民意""一网通办"等服务，都将面临升级考验。当 Facebook 更名为 Meta 时，各国的公共管理者们已经意识到元宇宙领域规则制定权的争夺开始了。这不仅是宝贵的数据资源的争夺，也是数据生产力的争夺，更是新型生产关系主导权的争夺。如果把元宇宙比作一个网络游戏，那么游戏规则的制定权掌握在谁手里，谁就能赢得最后的胜利。只有主动接受元宇宙的到来、提前参与元宇宙的建设，我们才能成为游戏规则的制定者之一，从战略上确保立于不败之地。

## 五、数字中国的动态蓝图

早在 2000 年，习近平总书记在福建省工作期间做出了建设"数字福建"的重要决策。十八大以来，习近平总书记高度重视信息化发展，加强顶层设计、总体布局，为"数字中国"建设指明了发展方向。2015年,习近平总书记在第二届世界互联网大会开幕式上强调"中国正在实施'互联网+'行动计划,推进'数字中国'建设"。之后,中央政治局围绕数字中国进行了多次集体学习,主题包括网络信息技术、大数据、人工智能、媒体融合、区块链、数字经济等。各地积极开展数字中国建设与政务服务改革创新探索。例如,浙江提出"最多跑一次"改革,广东提出"数字政府"改革,江苏提出"不见面审批"改革,北京从"接诉即办"升级到"未诉先办",上海提出"一网通办""一网统管",湖南提出"一件事一次办",甘肃提出"不来即享"等。

新冠肺炎疫情下,全球经济发展需要新的增长点。2021年12月,国务院印发《"十四五"数字经济发展规划》,明确数字经济是以数据资源为生产要素,现代信息网络为重要载体,引导资源发挥作用,推动生产力发展,优化经济结构的新型经济形态,将推动生产方式、生活方式和治理方式的深刻变革。数字基础设施是数字经济发展的载体,元宇宙作为未来新的信息入口,将塑造新的移动生活空间,激增新的智能终端,创建新的人机交互入口,为我国实现基础软硬件、核心电子元器件弯道超车提供机会。大力发展元宇宙相关产业不仅是第四次工业革命的需求,也是国家把握新时代数字经济话语权的重要抓手,是数字经济和实体经济深度融合的关键。经历了互联网的大发展、互联网+的大融合之后,数字产业的振兴、数字中国的落地需要新的引擎和新的目标,而元宇宙提供了这样的选择。

数字中国建设需要便捷、高效的数字政府,政府的参与与否是元宇宙是否被看好的风向标。随着《国家电子政务总体方案》

《国务院关于加快推进"互联网+政务服务"工作的指导意见》《政府网站发展指引》的落地，以及"一网统管""一网通办""一照通行"政策的推行，各级政府的数据共享、在线服务、智能问答等服务达到前所未有的水平，数字政府的元宇宙形态已经具备基础。与传统政务形态相比，政务元宇宙的特点之一是更公平和更有效率。行政管理过程中的每一个环节和每一个因素都会影响到行政效率，办事效率提升是现代政府的孜孜追求。政府作为行政机关，是国家公共行政权力的象征、承载体和实际行为体，是国家面向老百姓的窗口，政府机关的行政效率直接影响国家决策的执行力、对重大事件的反应力和判断力。信息化作为提升效率的最重要的手段，在决策链条相对稳定的情况下，大大缩短了信息获取、传输、分析、反馈的时限，并倒逼着公共管理方式的变革。

元宇宙的出现让信息交互效率再次飞跃，也为政府效率的革命性提升创造了条件。"互联网+政务服务"把利企便民作为主要工作目标，利用互联网提升政务服务改革的红利得到制度性释放。当前，互联网发展进入以虚拟现实技术、人工智能技术等数字技术为基础的元宇宙阶段，可以预计，当亿万群众走进和融入元宇宙时，各级政府需顺应时代的发展，紧紧跟进，探索适应新环境、新形势的政务服务模式。

## 六、数字时代的人类命运共同体

习近平总书记在中共中央政治局第三十四次集体学习时强调："当今时代，数字技术、数字经济是世界科技革命和产业变革的先机，是新一轮国际竞争重点领域，我们要抓住先机、抢占未来发展制高点。""中国愿同世界各国一道，共同担起为人类谋进步的历史责任，激发数字经济活力，增强数字政府效能，优化数字社会环境，构建数字合作格局，筑牢数字安全屏障，让数字文明造福各国人民，推动构建人类命运共同体。"人类命运共同体包括共同、综合、合作、可持续的安全观，公平、开放、包容、共赢的发展观，和而不同、兼收并蓄的文明交流，以及尊重自然、环境友好的生态文明。

以元宇宙为代表的数字空间，是人类命运共同体的现实空间的映射和还原。元宇宙作为数字空间的新形态，是信息化的发展方向。抢夺先机、确立规则，占领制高点，对于每一个大国来说，不仅是科技创新的问题，更是社会发展的全局性问题。当前，在政治、经济、社会、文化、环境各个领域，人与人之间、国与国之间密切联系，通过互联网的普及和应用，整个世界叠加连接成为一体。元宇宙在这种叠加效应下为人类的生产、生活提供了广阔的新空间。

元宇宙成为人类命运共同体的组成部分，因此各国也要构建起双边、多边等基于数字化的新型国际关系，共同承担元宇宙治理的责任和义务，应对网络安全、数字主权、治理规则构建等问题，促进元宇宙健康发展，共同打造数字空间人类命运共同体。

导论二

# 元宇宙是政府数字化转型的新引擎

科学技术的广泛应用提高了人类适应自然和改造世界的能力。计算机拓展了人脑的能力,爆炸式地提升了人类存储信息的容量和处理数据的运算速度;大数据提高了人类对客观规律分析预测和挖掘知识的能力;物联网则扩展了人类的感知觉器官,使人类能够更加灵敏地获取实物对象的状态……先进的数字技术开启新的文明,人类社会发展步入了崭新的数字时代。

数字时代大潮滚滚前行,元宇宙代表着数字文明新阶段的发展方向。人类贯穿于数字文明的始终,通过各种数字技术打造虚拟数字世界。这个虚拟数字世界越来越复杂,与人类生存的真实物理世界相伴、相生、相融,相互之间的作用已成为能够左右人类文明发展轨迹的重要力量,极大地改变着经济、社会的运行规律和人类的生产、生活方式。"虚拟"的数字世界能够大大提高人们的工作效率、生活品质，带给人们难以想象的服务内容和体验。这个虚拟数字世界就是元宇宙，一个基于多种技术创造出的现实与虚拟相连通、相结合的新世界。通过元宇宙，人们将构建一个与现实世界的经济系统、社会系统、政治系统、文化系统等密切相连的"虚实融合"的新文明形态。

元宇宙已成为各大互联网平台上的热词，标志着这一趋势得到各界普遍关注，全球重量级的企业纷纷布局元宇宙。可以预见，代表数字文明新阶段的元宇宙时代必将到来。随着虚实融合的数字新文明形态逐步孕育发展，我国各级政府应牢牢把握创新中的机遇，科学有效地应对变革中的挑战，创造有利条件进一步提升治理现代化水平。

## 一、人本导向，满足公众需求

当前，我国社会主要矛盾已经转化为人民日益增长的美好生活需要和不平衡不充分的发展之间的矛盾。坚持以人民为中心的发展思想是国家的基本方略之一，实现公众对美好生活的追求是治国理政的根本目标。数字时代的来临使得人们获取信息、传递信息、处理信息的能力极大提升，从而对改善生活质量提出更高要求，人们尤其期盼着公共部门提供的服务能使他们拥有更大获得感和更高满意度。

首先，政府要更好地实现公众对保障和维护自身基本权利的需求。在数字时代，公众的基本权利必须得到更好的保障。以往人们获取信息的主要方式是阅读文字，而在数字时代，人们不会再以获取纸质材料作为了解政府信息的主要途径，而是从政府网站和政务新媒体上查找相关政策文件和解读材料。虽然这种方式明显已经比传统方式进步，但是公众在大量政府网站信息中找到所需内容仍存在一定难度，顺畅地理解官方文件内容也需要人们具有较高的理解能力。现代政府治理最重要的基础就是赢得公众的信任，而信任的基础则是工作透明化。因此，政府部门不能仅仅停留在以最基础形式响应公众对政府信息公开需求的水平上，应当通过更为智能化的人机交互方式了解用户所想，精准推送用户所需的文字、音频、图表、视频等资源，并有针对性地解答用户疑问。同样，让用户以发送邮件或网上留言的方式参与公共政策制定，相比于面对面地与政府部门人员沟通交流，已经扩大了公众参与的范围，弱化了现场、限时等制约因素的影响，但这种单向建议式或高延迟的互动方式不能得到用户的青睐，这是造成线上公众参与不积极、不踊跃的重要原因。政府部门不能停留于缺乏参与感的互动方式，应当更加充分发挥虚拟数字空间的优势，提升互动交流和公众参与的体验和满意度。

其次，政府要更好地满足公众对提高政务服务便利程度的需求。治理现代化的重要特征是以人为本，最大化地实现并维护公共利益。便捷高效的政务服务能带给社会公众获得感。要实现治理现代化，政府部门应当将改进传统政务服务体系作为重要抓手和切入点，运用联合、协调、整合等方法构建泛在可及、智慧便捷、公平普惠的数字化服务体系，让"百姓少跑腿、数据多跑路"。当前，政府部门要不断提升政务服务的网上可办率和网上办理率，并在此基础上紧密围绕群众眼中办成"一件事"的需求，整合办事链条上各个环节所涉及不同部门的事项和服务资源，确保服务内容"好用、实用、易用"。政府部门可以在虚拟数字空间中打造一批知晓所有政务服务事项办理场景和规则的"数字公务员"，"管家式""秘书式"地为公众呈现"一揽子、无缝隙"的政务服务，提高服务的便捷性，使用户察觉不到不同政务部门的存在，跨部门、跨层级、跨地区的政务服务不再被用户诟病。

最后，政府要更好地实现公众对高质量保障改善民生的需求。增进民生福祉是发展的根本目的，现代化治理应在发展中补齐民生短板，全面实现幼有所育、学有所教、劳有所得、病有所医、老有所养、住有所居、弱有所扶，不断促进人们在体力、智力和道德上的全面发展，不断提高公众素养，推动社会进步。这些要求的实现，有赖于包括政府在内的公共组织提供更加优质的公共服务，将多种数字技术应用进行整合和融合，以虚拟数字空间的优势突破教育、卫生健康、社会保障、文化、体育等领域的真实物理世界的限制和障碍，以优质一流的服务内容、沉浸式超现实的服务体验，不断提高普及均等化的公共服务质量，不断提升成效，这是使人民群众过上美好生活的重要举措。

## 二、协同智治，提升履职能力

范式（Paradigm）是指在科学领域得到普遍认同并形成共识的思维方式、基本理论、方法手段、典型范例等要素集合体。各个领域都对范式进行研究，总结提炼出该领域普遍认可的体系化管理运行模式。自工业革命后,影响世界各国政府运行的基础理论体系不断演变,表现为公共行政范式、新公共管理范式和整体性治理范式的更迭进化。

19世纪末20世纪初,公共行政范式形成,它指的是建立于法理型权威基础上的一种现代社会所特有的、具有专业功能以及固定规章制度、设科分层的组织制度和管理形式,其最突出的特征是"官僚制"。当前,绝大多数政府部门最基本的组织结构的特征就是科层官僚制,其优势包括:讲求分工,在组织中明确划分每个组织成员的职责权限并以法规的形式将这种分工固化下来;权力明晰,在组织中实行职务等级制和权力等级化,使得组织中的工作具有高度纪律性和服从性;运行规范,凡是重要决定、工作部署或工作汇报,都以正式公文的方式上传下达。从一定意义上讲,信息沟通传递的效率决定了这种结构化组织的工作运行效率。在数字时代,利用云计算、大数据、互联网、人工智能等先进技术来提高行政管理效率,降低行政成本开支,这是世界各国的常见做法。同样,这种效率的提升,是政府部门高质量管理和服务得以维系的重要保障。公众期望获得全天候不间断的服务,而不只是在上班时间才能到政府办事或与政府工作人员沟通交流,向他们咨询、投诉、举报。面对这种全天候服务的诉求,单纯依靠增加政府人力投入显然不能解决问题,数字化手段的深度应用成为必然和内在的要求。

20世纪70年代,传统官僚体制长期运行造成机构臃肿、经济滞胀,导致政府不断扩大支出和增加税收,使得西方国家政府与市场和社会的对立关系暴露无遗。为增强组织活力和进一步提高效率，以现代经济学为基础的新公共管理范式应运而生。英国、美国等国主张借鉴私营部门管理原则、方法和技术对公共部门进行改造。部门竞争、绩效评估、合同雇佣等机制的引入，一定程度上在提高公共部门工作效率的同时也强化了部门利益，不同机构间缺少恰当的干预和沟通机制，各自为政的权力职能"碎片化"等原因加剧了新公共管理范式下的治理危机，使得复杂事务往往不能得到有效处理。例如，大城市的交通拥堵问题、生态环境保护和污染治理、公平有序竞争市场环境的维护，及教育、医疗、社会保障等民生类公共服务有效供给等，都不是单独一个部门能够"包打天下"，必须有赖于多部门、跨部门的协同合作，才能更科学合理地应对复杂局面，更为精准有效地处理社会危机事件。

20世纪90年代末，整体性治理范式的理念兴起，该理念更加强调整合协同、协调共治，以整体性、系统性思维提升政府应对和处理复杂事务的能力。现代信息技术（如互联网、大数据、人工智能等）的深度应用得到高度关注，在以部门分工为基础的组织结构下，通过数据共享方式打破部门业务壁垒的"碎片式"割裂，则成为实现"整体政府"的可行且重要的手段，有助于更好地实现对大规模、复杂、多变快变对象的科学治理，以及为企业和社会公众提供更加便捷优质的公共服务。因此，各国政府努力构建起一系列支撑核心业务和服务的数字化平台，使其成为提升政府履职能力的不可替代的治理工具，为强化跨地区、跨层级、跨部门的业务协同创造有利条件。这些数字技术的整合应用，在提升政府治理能力的同时，也会极大地推动政府在体制、制度和机制上的创新，形成更加有利于现代经济和社会发展的行政体系。

这就要求我国各级政府公务人员必须不断提升数字素养,"善于运用互联网技术和信息化手段开展工作",以数字化改革助力政府职能转变,统筹推进各行业、各领域政务应用系统集约建设、互联互通、协同联动,发挥数字化在政府履行经济调节、市场监管、社会管理、公共服务、生态环境保护等方面职能时的重要支撑作用,构建协同高效的政府数字化履职能力体系。要以数字化技术手段推动整体治理改革创新,政府部门应着力打造以下六大体系。

(1)建立整体高效的决策运行体系,政府各部门深入应用先进技术,形成各级政府职能部门核心业务全覆盖、横向纵向全贯通的全方位数字化工作格局。

(2)强化优质便捷的普惠服务体系,以"一网通办""跨域通办"为目标和手段,提升优化营商环境和保障民生的重点服务能力,逐步缩小数字鸿沟,让全体人民获得更多的幸福感。

(3)创新全局智慧的协同治理体系,将仿真研判、城市大脑、物联感知、空间地理等智能技术应用于经济、社会、生态、应急等各类治理领域,全面感知治理对象的状态变化,快速灵敏地响应治理诉求,提升风险评估和预警预测能力。

(4)打造公平公正的执法监管体系,通过支撑大跨度的数据共享实现多部门联合的综合监管、信用监管,综合运用智能化、感知化等技术手段实现重点领域产品全生命周期可追溯式监管、非现场和无感式监管,维护市场秩序、公共安全和保护人民群众生命健康。

(5)构建开放共享的数据治理体系,实现数据、算力和算法的一体化共建共享共用,为提升治理能力提供强大技术保障。

(6)健全智能安全的防护支撑体系,实现安全与发展并重,以数字化手段筑牢维护国家安全、社会稳定的藩篱,依法保护个人信息。

## 三、虚实融合,推动治理转型

虚拟数字空间造就新的生产力,成为驱动经济高质量发展的强劲引擎。围绕虚拟空间相关技术应用的数字经济持续快速增长,我国数字经济总量已经跃居世界第二。根据国家互联网信息办公室发布的《数字中国发展报告(2020年)》以及中国信息通信研究院数据,2020年,我国数字经济规模达到39.2万亿元,占GDP比重达38.6%,软件业务收入8.16万亿元,计算机、通信和其他电子设备制造业主营收入11万亿元;数字经济核心产业增加值占GDP比重达到7.8%;数字化应用向更大范围更深层次进行渗透,如制造业重点领域企业数字化研发设计工具普及率达73%,电子商务交易额达到37.2万亿元。建设规模更大、范围更广、结构形态更优、发展质量更高、制度规则更加完备的全国统一大市场,也不能缺少数字化手段的重要支撑,虚拟化既是一些新兴产业的形态,也是保证信息数据顺畅高效流动的必然要求。

虚拟数字空间对人类生活方式变革的影响越发突出。根据中国互联网络信息中心发布的第49次《中国互联网络发展状况统计报告》,截至2021年12月,我国网民规模达10.32亿,手机网民规模达10.29亿,人均每周上网时长为28.5个小时(17%的时间在上网）；即时通信用户规模达10.07亿，网络视频（含短视频）用户规模达9.75亿，网络支付用户规模达8.42亿，网络新闻用户规模达7.71亿，网络游戏用户规模达5.54亿，网上外卖用户规模达5.44亿，在线办公用户规模达4.69亿，网约车用户规模达4.53亿，在线医疗用户规模达2.98亿。这一连串数字显示出，虚拟数字世界已经成为我们生活中不可分割的一部分，对人们的物质生活、精神生活、社会关系、经济活动等的影响越来越大，并且具有十分显著的上升发展势头。

在看到虚拟数字世界积极促进作用的同时，我们也不可忽视，虚拟数字世界如果不能得到有效治理将会具有一定的危害性，例如，一些青少年沉迷于网络世界、一些不法分子利用电信网络进行诈骗，等等。对于政务领域，虚实空间的深度融合会导致社会形态发生变革。这种变革过程中的不确定性将会使得一些法规制度不再适宜，将会给公共治理带来伦理道德、文化价值等方面的潜在风险和挑战。"没有网络安全就没有国家安全，就没有经济社会稳定运行，广大人民群众利益也难以得到保障。"同样，没有虚拟数字世界的安全也就没有真实物理世界的安全。

虚拟数字世界越来越复杂，演化变革的速度大大超过真实物理世界的变化和人们的认知想象，虚拟化、数字化的大潮势不可当。因此，要想实现国家治理现代化，各级政府就必须加快自身的数字化转型的进程。所谓政府数字化转型，就是以大数据、云计算、人工智能、物联网、区块链、虚拟现实、增强现实等新一代数字技术为支撑，以"业务数据化、数据业务化"为基础，统筹运用数字化技术、数字化思维、数字化认知，把数字化、一体化、现代化贯穿到政府治理的体制机制、组织架构、方式流程、手段工具的全方位、系统性重塑过程中，实现政府治理的质量变革、效率变革、动力变革。

随着技术的发展和治理理念的升级，政府数字化转型可以划分为电子化、网络化、数字化、智能化和元宇宙五个发展阶段。元宇宙是政府数字化转型的新引擎，政务元宇宙是数字政府发展的新阶段。政务元宇宙的核心价值可以归结为利用虚拟数字世界的优势促进和提升对真实物理世界的治理能力。

我国政府正处于转型的"十字路口"，这是一个可以占据主动权和话语权的最佳时机，我国拥有坚实的基础和广阔的上升空间，有条件也有能力引领数字时代政府治理的发展潮流。推动政府数字化转型是把握时代发展机遇的重要举措，拥抱元宇宙这个数字时代发展的新方向新潮流，政府部门应积极作为，所应遵循的总体原则是"以虚助实，以虚促实；虚实兼顾，虚实相融"，即实现现实世界的数字化，数字世界的现实化。借助虚拟数字世界的优势提升政府对真实物理世界的治理能力，促进人类社会进步发展。同时，政府也要营造多元共治的发展格局，治理好虚拟数字世界，防范潜在风险威胁，强化安全保障能力，形成健康的数字伦理道德，缩小不平衡不充分的数字鸿沟。

本书重点讨论元宇宙技术与政务公开、政务服务、政府科学决策、提高监管治理能力等政务场景深度融合的建设思路，尝试厘清元宇宙在创造通用性价值基础上的政务特征。政务元宇宙目前还处于初步探索阶段，有爆发式增长的巨大潜力，从另一个角度看，政务元宇宙也同样会具有其他新兴技术发展中存在的普遍性风险,比如资本操纵、舆论泡沫、沉迷风险、隐私风险和伦理风险等。因此,我们应理性地对待元宇宙,深入挖掘元宇宙与政务场景结合的价值,发挥政务元宇宙的优势,加快政府数字化转型,以数字化赋能和推进国家治理现代化。

# 第一章

# 元宇宙与政务元宇宙

▷ 元宇宙具有虚实融合、人机共生、时空拓展的鲜明特征，是人类社会演进的新形态。

▷ 从电子化、网络化、数字化、智能化到政务元宇宙，政府数字化转型是自然而然的演进过程。

▷ 实现现实世界的数字化，数字世界的现实化。元宇宙是政府数字化转型的新引擎，政务元宇宙是数字政府发展的新阶段。

自从元宇宙概念被提出以来，各界迅速响应，探讨元宇宙与传统产业融合升级的路径，探讨元宇宙与科技创新相辅相成的关系，探讨元宇宙给数字经济带来的启发和意义，探讨元宇宙与公共治理的融合创新和发展应用问题，探讨元宇宙与人类精神世界的关系，甚至涉及改变人类社会文明形态的问题。

其中，元宇宙在政务创新领域的应用尤其关键，既包括顶层治理规则的构建，也包括底层关键技术的创新。利用数字化推动政府创新是一个长期的发展过程，并随着技术创新和迭代，呈现出不同的阶段特征。进入数字化新阶段，元宇宙将成为政府数字化转型的新引擎，在其推动下，数字政府将进入新的发展阶段——政务元宇宙。

## 第一节　元宇宙缘起

"元宇宙"（Metaverse）一词源自美国著名科幻作家尼尔·斯蒂芬森于1992年发表的科幻小说《雪崩》，他在书中用"Metaverse"这个词来描述奇幻的数字空间，"Metaverse"一词由前缀"Meta"（意为超越）和词根"Verse"（由 Universe，即"宇宙"反演而来）组成。元宇宙是一个脱胎于现实世界，又与现实世界平行、相互影响，并且始终保持在线的虚拟世界。在现实世界中地理位置彼此隔绝的人们，可以通过各自的"化身"在元宇宙中进行交流、娱乐。书中写道："戴上耳机和目镜，找到连接终端，就能够以虚拟分身的方式进入由计算机模拟、与真实世界平行的虚拟空间。"

三十年来，随着计算机技术和制作技术的快速提升，以虚拟世界为主题的影视、游戏作品层出不穷，如电影《黑客帝国》《头号玩家》，美剧《西部世界》，游戏《模拟人生》等。2009年上映的电影《阿凡达》中的"Avatar"，更是成为众所周知的人类化身的代称。影视作品中展示的奇幻世界，被大家看成元宇宙形象化的展现。

在我国，早在1990年，钱学森先生就在书信中将虚拟现实（Virtual Reality）技术译为更符合中国传统文化语境的"灵境"，他认为"它能大大扩展人脑的知觉，因而使人进入前所未有的新天地，新的历史时代要开始了！"这一思考足以称之为我国对于元宇宙思考的启蒙雏形。再往古代追溯，庄子更是在《齐物论》中的"庄周梦蝶"的故事中探讨了虚拟和现实之间的关系。古往今来许多思想家都在探讨虚拟与现实的关系，但是随着科学技术的不断进步，人类对虚拟和现实的认知不断演变。

2010年，语音交互成为智能应用的首选交互方式，例如苹果的Siri、微软的"小冰"。

2021年，随着Facebook更名为Meta，元宇宙概念引起全球瞩目。Meta首席执行官扎克伯格将元宇宙定义为一个"实体互联网"（Embodied Internet）。他总结出元宇宙的八大要素：参与感（Presence）、虚拟形象（Avatars）、个人空间（Home Space）、瞬间移动（Teleporting）、互通性（Interoperability）、隐私安全（Privacy and Safety）、虚拟商品（Virtual Goods）、自然交互（Natural Interface）。

与此同时，其他互联网巨头也纷纷重磅发声并大举进入元宇宙领域。微软公司提出企业元宇宙概念，为企业构建元宇宙提供制作工具、数字孪生平台和AR眼镜的完整服务，更是斥资600多亿美元，收购著名游戏公司——暴雪。英伟达公司推出数字人制作平台，甚至可以细致入微地刻画每一根睫毛。在2021年的GPU技术研讨会（GPU Technology Conference，简称为GTC大会）上，在英伟达创始人黄仁勋的演讲视频中，有14秒是他的数字替身在演讲。这段视频"欺骗"了全世界，也让世界认识到元宇宙技术的神奇。

## 元宇宙内涵

由于不同行业的角度不同，不同社会主体的出发点不同，"元宇宙"这个概念一度被神话和滥用。目前的行业认知普遍陷入三个误区：过度关注抽象的概念，忽略各项技术的实际进展；过度关注元宇宙的虚拟性，忽略与现实世界的融合；过度关注虚拟化身形象的塑造，忽略数字人服务体系功能的构建。

虽然学者对于元宇宙的概念尚处于"盲人摸象"阶段，但是可以从"载体、规则、内容"三个方面进行阐述。

## 1. 元宇宙载体

元宇宙载体包括"云大物智移链"（云计算、大数据、物联网、人工智能、移动互联网、区块链）等新一代信息技术的综合运用，以及生物工程、机械工程、新材料等一系列新兴技术的集成及新型设施与装备对新环境的支撑。

多种新兴技术交叉与集成，赋能元宇宙支撑体系和基础建设。人类未来想要实现元宇宙环境中的多重构想，必然需要为了满足产业发展建设要求而不断提升的复合技术能力的支撑，这些技术包括但不限于现实扩展技术、多端交互技术、通信计算技术、人工智能技术、价值链接技术、智能制造技术等。多种新兴技术的交叉与集成与元宇宙新兴产业生态建设及发展目标密切相关，例如多端交互技术和现实扩展技术将成为实现元宇宙沉浸感体验、人机共生以及虚实融合的基础支撑；区块链技术和安全计算技术将为实现元宇宙中数字经济体系建设提供基础支撑。

实现交互与现实扩展的技术目标则需要硬件端的入口升级、软件端的应用内容完善以及底层基础设施装备建设，包含云计算、人工智能、5G/6G 通信、芯片制造、材料升级、物联网等多种技术的集成和融合。以扩展现实（XR）技术为例，它是通过计算机将真实与虚拟相结合，打造一个可人机交互的虚拟环境，也是增强现实、虚拟现实、混合现实（MR）等多种技术的统称，拟真、沉浸的交互新体验则需要超清显示、虚拟现实、增强现实、混合现实、渲染引擎、3D 建模、高性能计算、追踪定位、识别反馈等一系列关键技术的集成和协同发展，在虚拟空间中给文娱、工业、农业、消费等多个领域带来全新变革，实现平面交互到空间交互的跨越，有望作为接力 PC（个人计算机）、智能手机后的新一代交互终端。区块链等价值链接技术则解决了现实与虚拟的资产打通问题，构建了可信任、高安全的数字基础设施，建设能够让创作者在数字空间创造价值、交易者实现产品贸易流动、需求用户在终端购买以及享受金融服务等完整的数字经济体系。

## 2. 元宇宙规则

元宇宙规则涉及生产关系、权力结构、组织形态、社会秩序、法律约束、信用体系等下一代经济社会形态重构。

人们对于未来元宇宙的光明愿景得到的共识之一，便是现有经济社会形态的重塑和演变，而形态的改变从本质上来说在于传统"规则"的改变。由于元宇宙的去中心化、在场感、时空拓展等特点，未来经济社会关系、公共治理体系、法律规范以及意识形态等将被重新构建。

现实世界经历了从工业革命到信息革命的发展，已经对社会形态中多种规则进行重塑，不断提升公众生活水平和幸福感。元宇宙作为未来数字化发展的新动力，将不断提升和满足人类更加丰富的需求。例如，信用体系将构建全新的真实、可信、隐私的数字人身份体系及价值交换体系；价值创造体系的重塑将赋予数字产品和资产虚实融合流动性、独一无二的资产映射、清晰不可更改的权属认证等特性；组织形态、法律约束以及管理制度由于时空边界的延展以及高自由度等特点，将对社会感知、监督、反馈、治理提出新的挑战。元宇宙因其空间的虚实相融的特征，可形成独具特色的新型社交环境。

## 3. 元宇宙内容

元宇宙是把现实照进虚拟并在虚拟世界中体验甚至生活，在虚拟世界中进行无限创造，进而影响现实世界的生产过程。

"虚拟原生＋虚实共生"的价值创造体系成为未来经济增值的新引擎。在工业时代，产品投入市场前的环节多、周期长，但是在数字世界中，数字产品制造周期大大缩短，产品设计制造摆脱客观物理法则、工艺材料限制，人类的想象力得到释放，劳动生产效率提高，未来可能会生产和创作出数字藏品、数字装扮、虚拟资产、数据资产等一系列数字原生产品及服务。例如，当用户拥有数字人之后，就会考虑数字人的衣食住行，由此产生虚拟房地产、虚拟装饰、虚拟房屋装修等各方面的衍生价值。而数字藏品也将拥有实物藏品的部分价值属性，比如稀缺价值、艺术价值、功能价值以及炫耀性社交价值。

元宇宙中的商品的交易媒介和方式将会进一步革新，打通虚拟和现实的连接性，增强交易的可信性，加速金融体系的流动性。例如，数字货币交易方式不仅成为价值交换的重要手段，还会以此发展出元宇宙的经济金融体系和底层信用规则，以便打通整个世界的流动性，实现与现实世界的金融互联互通。在虚实共生价值创造中，以画作创作为例，画作同样可以在元宇宙里出售，通过智能合约确认产权，使用数字货币进行交易，这幅画每次转手，原始创作者都能获取收益，从而实现虚实结合的价值共创。元宇宙世界的形成将促进生产者、服务者、消费者融合或者一体化，并与现实世界的经济系统、社交系统、身份系统密切融合，从而构成一个"虚实相融"的新型社会形态。

元宇宙不等同于电子游戏，不是在虚拟空间玩角色扮演或游戏公司设定的被动消费，而是可以创造性施展、开放式探索、多人在线交互、可编辑式的世界。元宇宙不等同于虚拟世界，而是现实世界与虚拟世界的高度融合、互相联动。元宇宙不等同于互联网平台，而是不仅需要现有互联网相关技术，还需要生物工程、机械工程、新材料等一系列新兴技术的融合集成。

## 第二节 元宇宙的三大核心特征

从微观层面来看,元宇宙改变了每个人的基础行为,继而在宏观上改变了整个人类社会的形态。但是发展和改变的本质源于元宇宙的属性及特征,各方对于元宇宙的特征观点不一,但有一定共性。比如扎克伯格认为"元宇宙具有参与感、虚拟形象、个人空间、瞬间移动、互通性、隐私安全、虚拟商品、自然交互等关键特征";著名投资人马修·鲍尔认为元宇宙是一个"始终在线的实时世界、多方参与、具有完整经济体系以及跨越实体和数字的世界"。依据元宇宙各个属性的抽象程度,我们可以从三个视角,即虚实融合、人机共生、时空拓展更好地理解元宇宙。

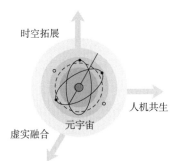

图 1-1 元宇宙的三个核心特征

### 一、虚实融合

虚实融合包含数字孪生、数字原生、数字融生(数字共生)等空间创造,打破虚实界限,创造新的经济社会形态集合体。

虚实融合是元宇宙的第一个核心特征。人类赖以生存的现实环境中出现了具有创造性和开放性的虚拟空间，人类需要在无拘无束的虚拟世界中去补偿现实环境的不完美并摆脱束缚。重构始于人类本质的底层文明冲动，从牛顿的绝对时空到爱因斯坦的相对时空，再到量子时空，反映出人类认知的进步。物理时空遵循物理法则，但是虚拟时空由人为设定构想、程序代码定义。每个人都可以定制自己的时空，创造自己的元宇宙。元宇宙空间的发展路径将与现实环境建立明确联系，因此元宇宙空间可以分为三个基本形态：数字孪生、数字原生、数字融生。

数字孪生是对现实环境的动态复刻和沉浸推演。一方面，以数据和仿真模型的集成融合为基础，现实世界与虚拟空间形成实时映射。另一方面，通过实体世界的运行规律和自然科学理论分析，实现事物变化趋势的逻辑推演。数字孪生早期应用于航天领域，随着技术的进步，数字孪生在工业、城市管理等领域也实现了较广泛的应用。数字孪生不仅能够实现物理世界的数字化，同时也能实现人的数字化，最终或可实现数字永生，简单来说就是现实环境中有什么，虚拟空间中就有什么，两者完全相同。数字原生则是打破现实环境的束缚，既可以实现时空的拓展，又可以实现人类想象力的解放，创造现实中没有的事物及体验。数字融生则是在现实环境和虚拟空间中实现你中有我、我中有你、打破界限、相互联动的融合空间。元宇宙的最终发展一定是现实和虚拟最终实现统一，这种统一便是"融生"，它强调虚拟世界和客观世界的联动和融合。随着人工智能等技术的发展，生产效率进一步得到提高，经济水平快速提升。步入元宇宙时代后，虚拟空间的数字人和现实世界的机器人的虚实融合将进一步改变生产方式和生活方式，形成新型的经济与社会体系。

## 二、人机共生

人机共生涉及感官延伸、交互方式、创新迭代等，未来将改变人类认知世界、改造世界的方式。

人机共生是元宇宙的第二个核心特征。人类认知世界的方式将通过机器与人类的共生融合发生变化。首先，沉浸式体验是人类的自然追求，元宇宙中的交互类新技术满足了人类感官的这种需求，这些技术必然成为人的肢体器官的投影与延伸。未来，人类不仅能够在元宇宙世界看到前所未有的虚实融生景象，还会在听觉、触觉、嗅觉等感官维度上实现拓展。当人类进入一个真假难辨的"高沉浸式环境"，并在其中实现视觉、听觉、触觉、嗅觉、味觉等多感官一体化的混合式体验时，人类中枢神经系统的延伸就形成了。

元宇宙中人的感知范围能够不再局限于自身所处的时空，人类也将会尝试将自身的思维意识转移到机器人与虚拟人身上，这种思维创新的迭代将改变人类认知世界的方式。按照圣地亚哥学派的观点，认知过程就是生命的过程。认知过程涉及感知、情感和行为，即整个生命过程，对于人类而言，还包括语言、思维以及意识等其他方面。

由于感官延伸和思维迭代的特性叠加，人类与数字世界交互的方式也发生了变化。从"命令行"界面，到图形界面，再到手机触控，人类的交互方式进一步跃迁。未来进入元宇宙时代，人们只需跟栩栩如生的数字人对话,甚至直接通过脑机接口完成命令和信息传递。这些方式将替我们完成过去需要靠鼠标、键盘完成的信息交互,通过机器人工作,实现人类实体的解放。在人机交互作用下,人类将重新审视人与机器的关系,逐渐承认数字人、虚拟人的存在形态和必要性,重新思考人与环境及物质的关系定义。

## 三、时空拓展

时空拓展包含空间和时间两个维度的拓展和延伸,重塑了人类社会和时空之间的关系,为人类社会提供了数字化生存的新环境。

时空拓展是元宇宙的第三个核心特征。在时间维度方面,元宇宙带来的沉浸感将会改变人们对于时间的认知,拓展了时间的含义。在元宇宙中,时间不再局限于机械化度量分秒的"科学时间"。曼纽尔·卡斯特在《网络社会的崛起》中提到:时间是捉摸不定的概念,曾经迷惑了奥古斯丁,误导了牛顿,启发了爱因斯坦,困扰了海德格尔。时间是"事物"发生的先后次序,并非独立的存在。在元宇宙中,时间可以被压缩,可以被拉长,可以在事物发生的次序中插入其他事件,甚至许多事情被压缩到同一个时刻进行,既可以把刹那变成永恒,也可以把永恒化为一瞬。

在空间维度方面,元宇宙也会令虚拟空间和现实空间的边界变得模糊,体现出一种空间上的"无边界性"。元宇宙空间以人为基点,是一种可控制、可编辑、可改变的多维度空间,不仅能够逼真模拟走、跑、跳等动作，还会超越部分现实中的空间限制。元宇宙从多个方面重新定义人与时空的关系，营造出数字化生存的新环境。

在元宇宙中，时间和空间既可以独立存在，也可以融合存在，这取决于具体的应用场景。例如照片、视频可以记录美好的瞬间，但是在未来则可以实现记录真实的记忆空间，永远存在，人们还可以参与其中，与之对话、交流。错过的美好时刻可以借助元宇宙时光永驻、昔日重现。

## 第三节　元宇宙与数字政府

从近30年政府数字化转型发展历程看，数字技术与政府业务职能的深度融合是一个循序渐进的过程。随着技术的飞速进步以及政府治理改革的不断深化，这种融合的各个发展阶段基础不同，融合的侧重点也有所区别，有替代也有叠加。

从早期起步阶段来看，当时以信息与通信技术应用作为主要内容，这个过程在我国被统称为"政府信息化"建设阶段，在国际上则被称为 E-Government（电子政务或电子政府）或 Digital-Government（数字政府）。在很多情况下两者是可以互换使用的，不做严格区分，都代表运用信息、网络、数据等技术推动政府数字化转型变革的过程。

随着大数据、云计算、人工智能等技术在政府治理中的广泛使用，政府数字化转型的内涵和特征也发生了变化，出现了一些新的概念，如网上政府、网上政务、智能政务、智慧政府等。从更长远的发展来看，利用虚拟数字世界的优势及"虚实融合"的治理模式改善政府工作更有意义，这个过程又呈现出了新的阶段性特征，我们将这一阶段称为"政务元宇宙"。

为探索数字技术推动下政府治理创新和演进的方向，我们将政府数字化转型划分为五个阶段，元宇宙将是政府数字化转型的高级发展阶段。每个阶段的主要特点和核心价值如图 1-2 所示。

图 1-2　政府数字化转型的五个阶段

## 一、电子化阶段

自 20 世纪 80 年代以来，随着半导体和大规模集成电路技术的进步，个人计算机（PC）应运而生，政府开始运用电子计算机辅助处理工作，这标志着世界政府信息化建设开始启动。

电子化阶段的显著特点是，电子计算机作为基础装备在政府办公事务处理中得到普遍应用，传统纸质文件转变成电子文件进行存储。

电子化阶段的主要做法是，以电子计算机作为重要办公工具，将传统的政府工作进行登记分类，然后转移到电子计算机上进行处理，利用电子计算机相对人工而言较高的运算能力和相对纸质档案而言较高的数据存储密度等优势，提升政府公务员在文件制作和管理等方面的工作效率。

电子化阶段的核心价值是"流程优化",即将传统业务流程电子化,利用电子计算机运算速度快的优势改进流程,减少冗余环节,从而提高政府办公效率。这一阶段的系统建设大多是面向业务流程进行设计开发,但由于业务流程是易变的,因而工作流引擎成为系统的重要组成部分,用于满足简易快速搭建电子化流程的需求。

## 二、网络化阶段

万维网的诞生意味着政府信息化发展将进入网络化阶段。随着政府办公使用的计算机逐渐接入办公网络乃至互联网,政府工作人员开始通过网络跨部门传输信息,进行即时通信。

网络化阶段的显著特点是,局域网、办公网、互联网等网络设施成为信息交互和数据传输的主要载体,计算机等设备终端通过联网,可以更快捷高效地传递信息和数据,使物理空间距离对工作的影响程度大为降低,异地协作成为可能。

网络化阶段的主要做法是:普及计算机的应用,并实现计算机网络全覆盖;以网络为载体,建设政府门户网站,对企业和社会公众公开政府信息,提供办事指南和表格,在线解答公众的咨询问题;利用办公网络的广泛覆盖性,加强业务支撑系统平台的互联互通,进而提高政府内部信息传递的效率。

网络化阶段的核心价值是"连接协作",通过网络使分散的设备和人连接在一起,极大地提升了信息交互的效率,政府信息化进而根据连接对象的不同又演化出 G2B（Government to Business，政府与企业）、G2C（Government to Citizen，政府与公众）、G2G（Government to Government，政府与政府）等细分领域，人与人、人与组织、组织与组织之间可以打破时空限制进行协作。网络化阶段基本对应着我们当前所称的"电子政务"建设阶段。总体上，世界上大多数国家目前的政府信息化发展处于网络化阶段，对于发达国家和以中国为代表的少数发展中国家而言，网络化阶段的特征已基本成熟。

## 三、数字化阶段

电子政务在世界范围内迅速普及，各国在实践中积累了丰富的政务数据和社会数据。在这一背景下，大约在 2010 年前后，"大数据"理念兴起，领先的国家纷纷实施大数据战略，加强政务数据的共享开放和挖掘利用，启动政务数据治理的探索工作，即利用数据驱动和改善政府治理，以及对政务数据进行科学治理。这标志着世界政府信息化发展进入数字化的新阶段。

数字化阶段的显著特点是，数据成为重要的公共治理要素，我国《促进大数据发展行动纲要》对大数据进行了全面阐述：大数据是以容量大、类型多、存取速度快、应用价值高为主要特征的数据集合，正快速发展为对数量巨大、来源分散、格式多样的数据进行采集、存储和关联分析，并从中发现新知识、创造新价值、提升新能力的新一代信息技术和服务业态。大数据具有"4V"的特点，即高容量（Volume）、高度复杂（Variety）、高速度（Velocity）和高价值（Value），大数据越来越成为重要的战略资源，其价值本质上是蕴含在数据背后的信息和知识。

数字化阶段的主要做法是：在数据共享方面，不同政府部门之间以及政府与社会之间的数据壁垒被打通，政府内部"数据孤岛"的现象得到了很大程度的改观，不仅提高了政务数据的准确性、时效性和全面性，也使得政务数据的跨领域关联和深度挖掘利用成为建设的主流内容；政府对外服务更加便捷，通过数据共享和电子证照应用，大大提高网上办理事项比率，减少需用户提交的申请材料；政府对内管理运行更加高效，"用数据说话、用数据决策、用数据管理、用数据创新"成为公共管理和国家治理的重要原则；在数据开放方面，越来越多的公共数据被开放给市场和社会，公共数据蕴含的巨大商业价值和公益价值被释放出来，成为推动数字经济和数字社会发展的重要因素。

数字化阶段的核心价值是"数据融合"，即对多领域分散的公共数据进行关联汇聚，形成重要的大数据资源，进而通过对其挖掘利用以促进业务协同和推动政府提升治理水平。

## 四、智能化阶段

从技术角度看，人工智能学科发展历程有五六十年，作为计算机学科的一个分支，人工智能与空间技术、能源技术并称为20世纪70年代以来的世界三大尖端技术之一，足见其发展的意义之大和取得突破的难度之巨。随着数据量的爆炸式增长，以人类智慧为核心、以计算机算力为支撑的数据处理方式已经不能满足要求,计算机视觉、自然语言处理等领域将成为重要"战场",是直接决定各个领域的治理场景应用能否取得跨越式突破的关键。

智能化阶段的显著特点是,加工形成知识不再是人类的"专利",计算机等设备将变得更加"聪明",能够模拟人类的学习、推理、思考、规划等智能行为,机器(算法)对数据挖掘处理的水平达到智能化的高度,政府治理中机器的理解力、学习力、判断力将极大提升,机器工作具有较强的独立性,甚至将在某些领域替代政府公务员行使职能。

智能化阶段的重点应用将覆盖仿真决策、预测预警、应急指挥、社会综合治理、司法裁决等方面,提升应用的质量、准确性、实时性。

"人机协同"将成为智能化阶段的核心价值,机器不仅是人类的"帮手",同时也将升级为"参谋",能够更好地理解人的意图,更全局性地掌握治理的知识规则,从而整体上大幅度提高处理和解决复杂事务的能力。

## 五、元宇宙阶段

随着人工智能、区块链、虚拟现实、增强现实等技术成熟,政务领域数字化和智能化发展必将进入一个崭新的阶段——元宇宙阶段。各种技术将更加紧密地整合,形成更大合力,拓展出与真实物理世界相伴相生的数字虚拟世界,从而人类可以站在更高维度上提升治理能力。

元宇宙成为能够左右人类真实物理世界文明发展轨迹的重要

力量，人类的经济、社会、政治、文化与虚拟数字世界密不可分，相伴相融。

元宇宙阶段的政务应用将体现出"强关联、重体验、深融通"等特点。强关联，意味着通过研究分析和操作处理虚拟数字世界映射的方式对真实物理世界进行治理，很多当前棘手的问题会迎刃而解。重体验，则是不管后台技术多么复杂，对用户来说前台操作和交互的界面永远能保持友好易用，与人的感知觉无缝对接，增强现实技术会为现场感要求高的场景带来沉浸式的体验，"数字人"应用会极大降低人机交互中对人的技能要求，带给人陪伴式的使用体验。深融通，标志着虚拟数字空间与真实物理世界在元宇宙维度上实现融合共生，现实世界虚拟化，虚拟世界现实化。

"虚实共生"是元宇宙阶段的核心特征，通过虚拟数字世界，人类对真实物理世界的影响的广度和深度将不断突破极限，虚拟数字世界能够更全面、更深入地推动人类经济社会的高质量发展，政务元宇宙将人类社会的政治文明程度推向新的高度。

元宇宙是政府数字化转型的新引擎，也是政府治理创新变革的必然要求。从电子化、网络化、数字化、智能化再到元宇宙，我国应当加快政府数字化转型进程，形成具有中国特色的先进的现代治理理论体系、制度体系、技术体系、工具体系，积极把握引领未来元宇宙社会发展潮流的主动权和话语权。

# 第二章

# 政务元宇宙的概念与要素构成

▷ 政务元宇宙既包括元宇宙相关技术在政府治理中的应用，也包括元宇宙环境下的政务模式和政务服务形态的创新。

▷ 政务元宇宙的核心要素包括交互与数字人、虚实空间与场景、数据融合与治理、新型设施与装备、政务业务应用。

▷ 数字孪生、数字原生、数字融生是政务元宇宙的基本形态，分别代表了从现实到虚拟、从虚拟到现实，以及虚拟和现实联动融合的状态。

作为数字政府的新阶段,政务元宇宙必将坚持人本导向,把服务型政府的建设理念融入政府治理创新的全体系、全过程中去。本章首先探讨政务元宇宙的基本概念与要素构成;其次从交互体系、空间体系、数据体系、技术体系与业务体系这五个方面,提炼出政务元宇宙的总体架构;最后梳理了当前国内外政务元宇宙的主要实践探索情况。

# 第一节 政务元宇宙的概念与核心要素

## 一、政务元宇宙的概念

政务元宇宙作为一个新概念,目前还没有一个明确的、公认的定义。结合元宇宙虚实融合、人机共生、时空拓展的特征和政务应用场景,我们认为政务元宇宙是现实世界与数字空间虚实共生的政府治理新模式和新体系,具体可理解为:利用虚拟现实、人机协同、数字孪生等新型数字技术,以沉浸式、交互性、场景化方式创新政府决策、管理和服务,建立形成高效、互动、开放、参与的政府治理新模式,打造形成泛在可及、智慧便捷、公平普惠的数字化服务新体系。政务元宇宙既包括元宇宙相关技术在政府治理中的应用，也包括元宇宙环境下的政务模式和政务服务形态的创新。

## 二、政务元宇宙的核心要素

基于元宇宙的基本形态和政务领域的业务特征，政务元宇宙包含以下五大核心要素：交互与数字人、虚实空间与场景、政务业务与应用、数据融合与治理、新型设施与装备。五大要素相辅相成，共同构成了政务元宇宙的要素模型。

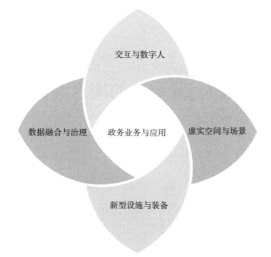

图 2-1　政务元宇宙的要素模型

### 1. 交互与数字人

交互与数字人是政务元宇宙中的媒介要素。政务元宇宙涉及提供管理和服务或接受管理和服务的各个主体，各主体间通过虚实融合实现信息的交互。其中某些主体间的交互行为通过数字人完成。数字人既包括政务数字人,也包括公众、企业数字人。作为政务元宇宙中的媒介,交互与数字人的功能类似于互联网时代的网站和 App。数字人与现实世界中的相关主体在责任和义务等方面存在着较强的对应关系,因为数字人必须建立在现实世界的各种制度规则基础之上,其行为表现均需与现实世界中政府部门、公众和企业的实际主体责任相匹配,即得到必要的授权和认可。

## 2. 虚实空间与场景

虚实空间与场景是政务元宇宙的时空要素,是基于现实政务体系构建出来的新型空间载体,实现了现实世界和数字世界中人、机、物三元信息的无缝整合,在虚实空间中承载各类政务活动。元宇宙的沉浸式、交互性、场景化等特征,能够极大地降低时间、空间等现实因素对政务活动的限制,在改善公众体验、优化业务流程、提高管理效率和服务水平、降低行政成本等方面具有极大优势。虚拟空间与现实世界的各种场景保持高度融通和同步,可以全方位实现政府高效运行。需要特别说明的是,政务元宇宙不等同于虚拟政府,而是数字空间与现实政务体系的融合。

## 3. 政务业务与应用

政务业务与应用是政务元宇宙的内容要素。政务元宇宙的业务与应用建立在现实世界的政府运行规则基础之上,这也是政务元宇宙区别于游戏元宇宙、产业元宇宙的不同之处。政务业务与应用的实现程度、运行效率和服务质量是政务元宇宙建设成效的关键。政务元宇宙中的业务与应用主要包括政府自身运行(如行政办公、会议活动、督查督办等)、政府向社会提供的政务服务(如信息公开、办事服务、互动回应等)、公众或企业参与(如建言献策、咨询投诉等)。此外,政务业务与应用还包括政府主体之间、公众或企业主体之间的各种业务协同与参与。从广义的政府职能范畴来看,政府必须对元宇宙中各类经济社会活动的合法合规性进行监管和治理,政务元宇宙在这一业务领域也必不可少。

### 4. 数据融合与治理

数据融合与治理是政务元宇宙的资源要素。在政务元宇宙中一切所见的皆为数据,空间场景、行动主体、交互活动、运行状态和交互结果等,都是数据的不同表现形态。从来源上看,政务元宇宙的数据资源一般包括现实世界在虚拟世界中的映射数据、虚拟世界中产生的各类数据,以及虚拟世界反馈给现实世界的各类数据。在政务元宇宙中,大量数据的积累和开发利用,不仅奠定了政务元宇宙运行的基础,也为持续提高政务效率、优化政务服务、改善社会治理、提升用户体验等奠定了坚实的基础。

### 5. 新型设施与装备

新型设施与装备是政务元宇宙的技术要素。政务元宇宙的建设、运行和发展,离不开各类新型设施和装备的支撑,新型设施与装备包括5G、6G、物联网在内的下一代网络、人工智能、区块链、云计算、边缘计算等通用型基础设施和技术,还包括具有鲜明元宇宙特征的脑机接口、场景渲染、数字孪生、虚拟原生、虚拟现实、增强现实、模拟仿真等技术和装备。只有在综合应用这些新型设施和装备的基础上，政务元宇宙的建立、运行和发展才能得到支撑。

政务元宇宙的运行，是在新型设施与装备的支撑下，通过数据的流转、融合、应用，以数字人作为交互媒介，以虚实空间与场景作为载体，高效、便捷地实现政务业务。

## 三、政务元宇宙的三种基本形态

政务元宇宙建立在现实政务的基础上，是现实政务与虚拟空间的相互映射、融合和动态交互，可广泛应用于政务各领域。尽管各领域的具体业务不同，但均有适合于政务元宇宙特征的应用场景。例如，人们可利用政务元宇宙进行经济调节、市场监管、社会管理、公共服务和生态环境保护等；可利用政务元宇宙进行远程会议、公文流转、信息公开和推送、政策推演与模拟仿真等；可利用政务元宇宙开展学习型组织建设，通过虚拟现实、增强现实等技术进行学习，不再局限于图文资料，而是可以沉浸式体验，获得身临其境的感受，产生更好的学习效果。

总体来看，政务元宇宙构建业务场景的能力可以概括为三种形态：一是"数字孪生"，即将现实政务复制到虚拟空间，实现现实政务的数字化和虚拟化，如城市规划展厅、数字博物馆、数字科技馆、数字旅游等；二是"数字原生"，即虚拟空间产生的新的活动，反过来影响现实政务，需要在现实政务中建立相关规则体系，重塑现实世界的政务业务体系，如虚拟空间中公众数字人与政府数字人之间的交互、企业数字人之间的商务往来、企业数字人参与虚拟交易等；三是"数字融生"，即现实政务和虚拟空间实现高度融合和无缝联动，政务业务已不分虚实，虚中有实，实中有虚，两者实现高度同步、联动和融合。数字孪生、数字原生和数字融生三者之间的关系具有一定的层次性，数字孪生属于基础阶段，数字融生则属于高级阶段。不过，在具体实践中，三者并非是串行关系，而是同步发展。

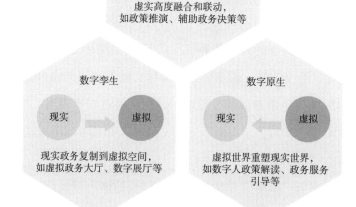

图 2-2　政务元宇宙的三种基本形态

## 1. 数字孪生

数字孪生是指从"现实"到"虚拟"。从理论概念来看，数字孪生是充分利用多学科技术，多终端运行数据以及多模型集成的仿真过程。在数字虚拟空间中完成对现实世界的镜像映射，在虚拟空间内建立包括人、物、场等拟真的动态孪生体,从而反映出相对应的现实世界的自然演变过程。孪生可以被视为一个或多个重要的、彼此依赖物体的数字映射系统。在数字孪生概念诞生前,数字建模和全息构建等信息技术已经能够实现从二维到三维构建的跨越,可以将我们生活中所看所想具象至虚拟空间,比如部分游戏、仿真平台、引擎平台就已经具备了形象仿真能力。数字孪生更强调对客观世界"规则"的仿真,这些"规则"既包含自然科学规则,还包括部分社会科学规则,所以当前在该领域还有很大的探索空间。数字孪生不仅仅是"形"的映射,更多的还需要"理"的映射。在政务元宇宙中,不仅需要将现实政务中的业务场景扩展到虚拟空间中,还需要将现实世界的政务治理规则映射到虚拟空间。

## 2. 数字原生

数字原生是指从"虚拟"到"现实"。数字原生强调从第一性原理(First Principle)进行创造。早在两千多年前,亚里士多德对于第一性原理是这样表述的:在每一个系统的探索中,存在第一性原理,它是一个最基本的命题或假设,不能被省略或删除,也不能被违反。人类的思维方式分为两种,即演绎法和归纳法。第一性原理是一种演绎法思维,由一个或几个定律推演出来,或者它本身就是一个定律。这种思想类似我国古人智慧"太极生两仪,两仪生四象,四象生八卦""道生一,一生二,二生三,三生万物"。在元宇宙世界里,数化万物,人、物、场等的相互作用能够自动生成并运转起来,比如自己的虚拟分身、物品等,不需要借助真实场景来参与。例如,经济体不依靠传统经济和金融体系,通过内嵌数字商品体系就能够自循环，完成很多交易行为，我们就可以认为这是一个数字原生的经济体。再如，数字人的发展将是"数字原生"的具体表现，通过算法、算力、设计等技术创造其形态，规则体系和数据赋予其行为，人工智能算法赋予其自我决策和判断能力。它不是现实世界的对应物，其生命活动只存在于虚拟数字环境中，与更多的事物进行原生创造和互动。在政务元宇宙中，完全产生于虚拟世界的很多需求（如数字人之间的经济规则和交互等），就属于"原生"范畴，这些原生需求也会重塑现实政务中的业务规则。

### 3. 数字融生

数字融生是指"现实"与"虚拟"融合。元宇宙的发展目标一定是现实和虚拟之间最终统一，这种统一便是"融生"。数字融生强调虚拟世界和客观世界的联动和融合。虚拟空间扩展了现实空间，成为虚实结合的、平行存在的、相互连通的新环境。在很长一段时间的社会发展中，较为典型的虚实结合体是文字，文字具有了思维的信息化、具象化，同时也在客观范畴上具有了实在性（如书写）、指示性（文字的理解），所以文字就是一种逻辑运用。元宇宙环境将是未来现实世界与虚拟世界的信息融合体，并且能够相互共生。通过人工智能、渲染引擎、高性能计算等技术支撑的数字人和现实机器人，将现实的行动和虚拟的交互媒介相结合，完成现实场景和虚拟环境的价值交换或决策行为。在政务元宇宙中，现实政务和虚拟政务之间高度融合、无缝联动，虚中有实，实中有虚，最终提升政务管理和服务水平。

第二章 政务元宇宙的概念与要素构成

# 第二节 政务元宇宙的总体架构

本节结合上文提出的政务元宇宙交互与数字人、虚实空间与场景、政务业务与应用、数据融合与治理、新型设施与装备五大核心要素,梳理出了政务元宇宙总体架构,具体包含交互体系、空间体系、业务体系、数据体系和技术体系,这五大体系与五大核心要素一一对应。安全与风险管理体系和法律法规与标准体系是对整个政务元宇宙五大体系的支撑和保障。

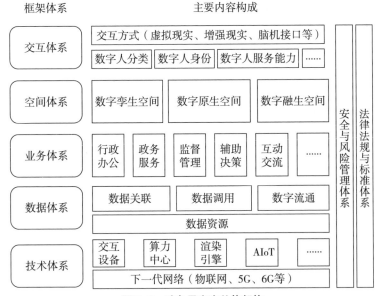

图 2-3 政务元宇宙总体架构

057

## 一、政务元宇宙交互体系

政务元宇宙交互体系是人们进入政务元宇宙并与之交互的总入口，包含多种交互方式和数字人的分类、身份、服务能力等。

随着技术的进步，交互方式不断演进。从 PC 互联网时期的鼠标、键盘，到移动互联网时期兴起的手机，再到元宇宙时期的 AR 设备、VR 设备等，人类与数字世界的交互方式变得更加丰富。元宇宙时代的数字人，如同 PC 互联网时期的网站和移动互联网时期的 App，是元宇宙中处理事务的基本单元、接收和传播信息的关键通道、实现服务功能的主要载体。

在政务元宇宙中，我们可以根据业务体系中的不同场景对数字人进行细分，分类的维度包括形象、对应对象、交互方式、驱动方式等。例如，根据数字人的形象生成模式，可以将数字人分为 2D 数字人和 3D 数字人；根据数字人对应对象的自然人和法人类型，可以将数字人分为对应个人和对应机构的两类数字人；根据交互方式，可以将数字人分为单向交流和双向交流数字人；从技术驱动层面，可以将数字人分为真人驱动型数字人和 AI 驱动型数字人。

在政务元宇宙的各类应用场景中，数字人需要进行身份认证，代表自然人、法人组织等在数字世界中获得生活、生产及参与其他社会活动的资格。这个资格需要得到法律的保护和被法律所认可，所以该身份认证体系必须由政府主导建立。同时，元宇宙中数字人身份体系的建立需要重点考虑身份真实有效性、身份统一性、身份数据安全性等问题。

在政务元宇宙中，根据数字人提供的政务服务内容差异，我们可以将数字人分为播报型数字人、互动型数字人、服务型数字人。其中播报型数字人可以进行新闻播报、政策解读、手语播报等服务；互动型数字人可以通过预置知识库、知识图谱等，与用户进行互动交流；服务型数字人是数字人发展的高阶形态，将成为人类生活和工作上的智能助手。这些不同形态的数字人提供服务的背后，需要建立数据、业务和技术的协同能力，形成开放共享、弹性扩展、灵活配置的支撑能力体系。

## 二、政务元宇宙空间体系

政务元宇宙空间体系是政务服务场景的具象空间和内容承载，为业务体系的开展创造了各类时空要素。空间体系不仅仅是完成虚拟空间的构建和实体空间的改造，更重要的是能够打造一个虚实联动、虚实结合、虚实共生的"虚实创新世界"，构建出与现实世界映射与交互的虚拟世界。政务元宇宙的空间体系既具有虚拟特征，又具有实体特征，为用户创造与以往不同的服务体验。人们通过可视化的方式便可以方便地获取服务，可以有效突破时空的限制。

元宇宙作为互联网的下一种形态，一方面，其发展路径可以由实向虚，通过数字孪生技术，在虚拟空间中动态地呈现物理实体，构建出与现实世界对应、相互映射、协同交互的虚拟世界；另一方面，它又可以由虚向实，通过数字原生技术，基于数字化构建的虚拟空间，虚拟世界里面的人或物能够自动生成并运转起来，不需要借助真实场景，通过沉浸融入与精神世界关联度不高的人的行为感知信息，原生出一些新生态来丰富现实世界。

随着软硬件逐步完善，数字孪生、数字原生技术的发展，国家对产业的鼓励政策出台，各类交互设备的普及，以及对业务场景需求的不断提高，政务元宇宙空间体系最终将达到数字融生的全新阶段。

政务元宇宙空间体系的演进路线将分为三个阶段：政务业务入口的数字人化、政务业务空间的虚拟化、政务业务场景的泛在化。在第一个阶段中，目前的信息载体保持不变，但将有越来越多的政府网站、政务新媒体、政务服务大厅会增加数字人，通过数字人完成信息交互、事务办理。在第二个阶段中，政府网站、政务新媒体、线下实体大厅等也将融入更多的虚拟原生、扩展现实等技术，取而代之的是形式更丰富、体验更多元的虚拟化展现形式。在经历了政务服务入口的数字人化和政务服务空间虚拟化两个阶段后，政务元宇宙必将进入一个"场景泛在化"的阶段，用户可以随时随地以任何形式办理业务。

## 三、政务元宇宙数据体系

政务元宇宙数据体系是基于技术体系的保障，汇聚多方、多主体数据，打通现实世界和数字空间而构成的数据资源中心。数据作为政务元宇宙的资源要素，是带动政务元宇宙实现业务体系运转的基本保障。数据体系既为上层的业务体系提供数据支撑，又通过数据资源的全面汇聚、关联和广泛应用，持续驱动政务业务的变革，使政务履职更加高效、服务更加便捷、决策更加智能。

从 2020 年国家发布《关于构建更加完善的要素市场化配置体制机制的意见》到"东数西算"工程的提出，国家持续推进政务数据开放，加快培育要素数据市场，实现数据互联互通，促进数据整合融合，强化数据治理，深化数据统计分析、数据挖掘，推动数据应用，从而促进社会数据资源价值获取和价值提升。

在政务元宇宙的数据体系架构中，我们首先要厘清数据资源内容，可以从孪生数据、原生数据和融生数据这一数据来源维度，以及人和数字人数据、组织数据、物件数据、空间环境数据、事件数据等数据内容维度，实现对政务元宇宙核心数据资源的清晰描述。同时，我们要结合政务元宇宙的特点把握数据治理工作的关键环节，以构建普遍性的数据关联体系、全局性的数据调用框架、元件化的数据流通模式为抓手，在传统数据治理模式的基础上实现对政务元宇宙数据的有效治理。另外，我们还要针对数据共享交互和运营服务等困扰传统政务数据治理工作的核心问题，积极运用政务元宇宙的新理念、新方法，推动实现政务数据流通和应用效果的进一步提升。

政务元宇宙的数据体系架构是在数字政府现有数据架构之上的演进与拓展，只有数据资源足够丰富，治理体系足够完善，兼顾好数据的共享交互和运营服务，才能实现在政务元宇宙海量政务业务场景中的高效、顺畅运转。

## 四、政务元宇宙技术体系

政务元宇宙应用对于使用者而言，场景繁多、形式多样，需要一个庞大的数字内容生产运营体系和高体验感的交互设备作为支撑，其中人、物、场等三维数字内容的快速生成、智能驱动、知识图谱、内容审查、实时渲染等技术是这一体系顺利运转的内容保障，AR设备、VR设备、MR设备、脑机接口设备等是实现沉浸感的体验保障。

政务元宇宙应用依赖的众多技术按照架构层次可以分为基础设施层、应用支撑层和业务场景层。基础设施层包括与网络层相关的下一代网络，与CPU（中央处理器）、GPU（图形处理器）、AI芯片、基带芯片及各类传感器相关的硬件层，以及与操作系统、数据库、编译系统和各类中间件相关的基础软件层。应用支撑层包括支撑政务元宇宙的一些核心技术和认证机制，如数字孪生、渲染引擎、AIoT（AI+IoT，人工智能技术与物联网在实际业务场景中的融合应用）、区块链、智能合约等。业务场景层以多类应用场景为目标，以数字人为入口，为用户提供政务元宇宙服务、规划、体验和培训等功能。

从建设视角来看，政务元宇宙技术支撑体系包括算力中心、技术中心和能力中心。其中，算力中心是元宇宙应用体系的基石，为技术中心、能力中心提供算力支撑，算力中心有助于促进资源合理分配、提高工作效率和节约建设成本；技术中心建立在算力中心之上，由平台引擎层、管理系统和应用支撑服务等构成，是为保障各类元宇宙应用平稳运行而构建的高性能、高扩展、高容量和高安全的基础技术服务平台；政务元宇宙能力中心是一个以数据为驱动，重组数据模型组织关系，整合并封装各种可重用的业务服务，并统一为上层应用提供公共业务服务的基础平台，通过将不同部门政务系统的业务连接与数据融合，提供数据主题建模、治理、分析的数据服务，以及提供业务流程抽象、整合、重用的业务服务，支撑针对不同场景业务服务的灵活构造。

## 五、政务元宇宙业务体系

政务元宇宙建立在现实政务的基础上，是现实政务与虚拟空间的相互映射、融合和动态交互。业务体系是政务元宇宙的内容要素，建立在现实世界政府的运行规则基础之上，既包括面向元宇宙环境下的政府业务模式创新，也包括元宇宙相关技术在政府业务中的应用，这是政务元宇宙区别于游戏元宇宙、产业元宇宙的不同之处。

现实政务中政府的基本职能和履职活动，是政务元宇宙业务体系的基础和前提。从政府职能来看，在"五位一体"的总体布局下，经济调节、市场监管、社会管理、公共服务和生态环境保护成为政府的基本职能。从履职方式来看，尽管不同政务领域和部门的职能和业务有所不同，但在行政办公、会议培训、互动交流、政务服务、监督管理、科学决策等方面具有较强的共性和普遍性。政务元宇宙的业务体系建立在政府的基本职能基础上，贯穿于政府职能履行过程中，其业务覆盖度和实现程度，是政务元宇宙建设成效的关键。此外，对于"原生"于政务元宇宙的各类活动，如各类虚拟主体之间的经济社会行为，政府也需要对其合法性、合规性和合理性进行监管和治理，这也是政务元宇宙业务体系的有机组成部分。

政务元宇宙具有虚实融合、人机共生、时空拓展的特征，在提供沉浸式服务、场景化服务、实时交互性等方面具有显著优势，可广泛应用于各职能领域。特别是随着政府数字化转型的日益成熟和深入，各级政府及部门的业务、数据和技术实现高度融合，各层级、各地区、各系统、各部门和各业务之间实现高度协同，为政务元宇宙在政府履职中的广泛应用奠定了坚实的基础。政务元宇宙可以广泛应用于政府运行、决策、服务和监管中，实现更高效协同的运行、更科学合理的决策、更便捷高效的服务，以及更精准智慧的监管。

## 第三节　政务元宇宙的实践探索

元宇宙概念引爆以来，在世界范围内得到普遍关注。由于技术、制度、文化、经济等方面的差异，当前各个国家对元宇宙持不同的态度。目前，在政务元宇宙的发展应用方面，绝大多数国家均处于探索实践当中。我国对元宇宙高度关注，尤其是近几年来在关键技术研发、产业布局、场景应用等方面出台了多个政策文件，对政务元宇宙的探索则主要聚焦部分关键技术在政务服务领域的应用。

### 一、国外实践探索

国外对政务元宇宙的实践探索分为两种情况：一是以美国、日本、欧盟为代表的国家或联盟，主要聚焦元宇宙监管制度准备、基础设施与功能性平台建设方面，元宇宙建设与发展的基础环境相对较好，但尚未大范围推出政务元宇宙具体场景；二是以韩国为代表的国家，已经将政务元宇宙建设作为本国的重要战略部署。

#### 1.美国

当前，美国政府对于元宇宙仍处于观望状态，尚未官方表态以及出台明确的元宇宙建设纲要性文件,而行业则对元宇宙发展表现出较高的积极性,但未涉及政务元宇宙的实践探索。总体来看,美国对元宇宙的关注点集中在基础设施与功能性平台建设,其核心竞争力主要体现在硬件入口及操作系统、后端基建、底层架构等方面,在人工智能方面也具有较强的技术储备和竞争力;从应用层面来看,美国的元宇宙应用主要是面向游戏、娱乐等消费场景,同时也在工业设计等面向 B 端的场景上有所覆盖;从企业投入层面来看,以 Roblox(罗布乐思)、Meta 为代表的企业率先入局,微软、谷歌、英伟达等紧跟步伐宣布布局元宇宙。与此相比,美国政府则高度关注元宇宙可能带来的数据安全、隐私保护问题,以及可能形成新的巨头垄断。为此,美国政府加强执法监管力度,出台了《政府对人工智能数据的所有权和监督法案》。从发展态势来看,由于美国政府与企业间的博弈,我们并不能快速预测元宇宙的未来发展趋向,但凭借长期的技术积累,美国在全球元宇宙的发展中将长期占据基础优势。

### 2. 欧盟

长期以来,欧盟对互联网巨头的高利润、低纳税有着强烈的反感情绪,再加上欧洲企业在互联网经济环境下总体缺乏竞争力和投入,使得欧盟对元宇宙及政务元宇宙的发展应用持高度谨慎态度。近年来,欧盟相继出台了《人工智能法案》、"平台到业务"监管法规、《数字服务法案》、《数字市场法案》等,这说明监管机构在处理元宇宙时可能采取的立场和倾向,包括增加透明度、尊重用户选择权、严格保护隐私、限制一些高风险应用等。这些立法说明了欧盟更关注元宇宙的监管和规则问题,通过持续推动对虚拟世界的监管,维护欧盟市场的竞争与活力。

### 3. 日本

日本着力扶持元宇宙相关产业发展,探索建立新型国家优势。日本经济产业省于 2021 年发布了《关于虚拟空间行业未来可能性与课题的调查报告》,明确了元宇宙定义,并提出了发展和监管建议。该报告体现了日本政府对元宇宙行业布局的思考,即通过现有的发展成果尽可能在民众范围内推广元宇宙理念,同时通过指导与政策制定来规范元宇宙的建设。2022 年 3 月 18 日,日本经济产业省与 Meta、小冰、英伟达三家美国公司合作,于日本成立了亚洲第一个元宇宙生态联合体,联合两国在元宇宙领域的顶尖技术力量共建生态系统,为下一步的发展提前探索布局。

### 4. 韩国

韩国在政务元宇宙方面的举措相对积极主动。截至目前,韩国先后在地方、国家层面均有成果。2022 年 5 月 9 日,元宇宙首尔市政厅正式向公众开放。市民打开手机 App,创建虚拟化身,即可进入虚拟首尔市政大厅和市长办公室,还可以利用市民意见收集平台向首尔市政厅提出有关政务的建议。

在地方层面,韩国政府以首尔元宇宙进行布局突破。2021 年,首尔市政府以提升城市的竞争力、行动力和吸引力为目标,出台了《元宇宙首尔五年计划》,分三个阶段推进元宇宙建设与应用,其中行政服务虚拟服务为发展计划的主要建设和应用场景。从推进路径来看，韩国政府建立了"联盟＋平台＋中心"的发展路径：一是成立了"元宇宙联盟"，现代集团、SK集团、LG集团等200多家韩国本土企业和组织加入其中，其目标是打造国家级增强现实平台，并在未来向社会提供公共虚拟服务；二是依托元宇宙平台建设发展首尔金融科技实验室集合地、元宇宙投资首尔、元宇宙120中心、元宇宙市长室、元宇宙智能工作平台、元宇宙观光首尔等多个要素中心；三是聚焦公共服务领域，"元宇宙首尔"平台基于最尖端的数字科技，在克服公共服务提供过程中的时间、空间制约和语言障碍等困难的同时，将虚拟现实服务拓展到行政服务全领域，以提升公务员的工作效率。在具体应用场景上，首尔元宇宙在政务业务方面的应用将覆盖投资创业一站式支援、政府机关与市民沟通互动、公务员网络虚拟办公、AI公务员虚拟替身咨询办事、城市公共服务运营等方面。

在国家层面，韩国统一部于2022年3月31日对外宣布，将面向公众推出朝韩非军事区相关的元宇宙平台服务。通过该服务，用户可以沿着朝韩非军事区和平之路固城区间进行游览体验，还能以金刚山和海金刚为背景进行虚拟旅游，也可查阅相关研究成果的活动，例如朝韩非军事区实况调查、生态文化地图以及人文、自然和环境白皮书。

## 5. 巴巴多斯

2021年11月，加勒比海岛国巴巴多斯外交和外贸部与Decentraland公司签署了一项协议，计划在2022年建立巴巴多斯元宇宙大使馆。目前，巴巴多斯政府还在与Somnium Space、

SuperWorld 和其他元宇宙平台开展合作,合作内容包括购买元数字土地、设计和建设虚拟大使馆及领事馆、开发设施提供电子签证服务、建造一个"传送器"在多个世界(元宇宙平台)传送虚拟化身。按计划进展,巴巴多斯将成为世界上第一个承认数字主权土地的国家。

## 二、国内实践探索

我国政府对待新事物,尤其是科技新事物的态度向来较为宽容,愿意提供一定的便利和空间,让新事物先自由生长。截至目前,虽然国家尚未明确将元宇宙写入官方文件,但也通过一些政策为元宇宙建设发展提供了制度支撑,并鼓励地方、行业开展元宇宙的探索实践。

在国家层面,自"十三五"规划以来,我国政府就持续提出要加强虚拟现实、人工智能、5G 等关键核心技术的研发和产业布局,在一定程度上为迎接元宇宙的到来提前做好了准备。2016年12月,《"十三五"国家信息化规划》提出,要"加强量子通信、未来网络、类脑计算、人工智能、全息显示、虚拟现实、大数据认知分析、新型非易失性存储、无人驾驶交通工具、区块链、基因编辑等新技术基础研发和前沿布局,构筑新赛场先发主导优势",明确将虚拟现实、区块链等新技术纳入国家新技术基础研发范畴。之后,国家通过《信息化和工业化融合发展规划(2016—2020)》《国家创新驱动发展战略纲要》等文件进一步明确了自然交互与虚拟现实、类人智能、大数据等新技术研发的策略布局和任务要求。2021 年,国家在国民经济和社会发展"十四五"规划中提出,要"打造数字经济新优势。充分发挥海量数据和丰富应用场景优势,促进数字技术与实体经济深度融合,赋能传统产业转型升级,催生新产业新业态新模式,壮大经济发展新引擎","培育壮大人工智能、大数据、区块链、云计算、网络安全等新兴数字产业",加快推动数字产业化。《"十四五"数字经济发展规划》则更加鲜明地指出,要"创新发展'云生活'服务,深化人工智能、虚拟现实、8K 高清视频等技术的融合,拓展社交、购物、娱乐、展览等领域的应用,促进生活消费品质升级。"

在地方层面,元宇宙已经成为部分地方政府重点推进工作任务。武汉市 2022 年《政府工作报告》中指出,要加快壮大数字产业,推动元宇宙、大数据、云计算、区块链、地理空间信息、量子科技等与实体经济融合,建设国家新一代人工智能创新发展试验区,打造小米科技园等 5 个数字经济产业园。合肥市将元宇宙写入 2022 年《政府工作报告》,明确提出将"前瞻布局未来产业,瞄准量子信息、核能技术、元宇宙、超导技术、精准医疗等前沿领域,打造一批领航企业、尖端技术、高端产品,用未来产业赢得城市未来"。此外,部分地方政府专门出台了相关发展计划规划和措施办法,纷纷抢占元宇宙赛道。北京市制定了《关于加快北京城市副中心元宇宙创新引领发展的若干措施》,提出"大力推进示范应用;全面优化产业布局;鼓励发展早期和长期投资;加强知识产权保护和标准创制;给予元宇宙企业房租财政补贴;发挥多方产业组织力量;支持人才及团队引进;加强国际交流合作。"厦门市印发了《元宇宙产业发展三年行动计划(2022—2024

年)》，设立元宇宙产业发展目标，"力争到2024年，元宇宙产业生态初具雏形，引入培育一批掌握关键技术、营收上亿元的元宇宙企业，元宇宙技术研发和应用推广取得明显进展，对政府治理、民生服务、产业转型升级的带动作用进一步增强。"无锡市印发了《太湖湾科创带引领区元宇宙生态产业发展规划》，"推动元宇宙技术在多领域深度应用；注重协同发展和一体发展相整合，推动元宇宙上下游各环节、各主体协同发展，加快元宇宙与集成电路、区块链、人工智能、云计算等技术融合创新发展。"

在行业领域应用层面，国家对在"十四五"时期将虚拟现实技术应用于行业场景的要求更加明确。《"十四五"旅游业发展规划》提出，"加快推动大数据、云计算、物联网、区块链及5G、北斗系统、虚拟现实、增强现实等新技术在旅游领域的应用普及，以科技创新提升旅游业发展水平。"《"十四五"特殊教育发展提升行动计划》指出，"鼓励有条件的地方充分应用互联网、云计算、大数据、虚拟现实和人工智能等新技术，推进特殊教育智慧校园、智慧课堂建设。"《金融科技发展规划（2022—2025年）》提出，"搭建多元融通的服务渠道。以线下为基础，依托5G高带宽、低延时特性将增强现实（AR）、混合现实（MR）等视觉技术与银行场景深度融合，推动实体网点向多模态、沉浸式、交互型智慧网点升级。"《"十四五"国家老龄事业发展和养老服务体系规划》强调，要"加快人工智能、脑科学、虚拟现实、可穿戴等新技术在健康促进类康复辅助器具中的集成应用。"此外，国家相关主管部门还在出版、供应链、生活服务等方面也强调，要加强虚拟现实和增强现实等新技术的应用，提升生产运营、管理服务效率。一些起步较早的地方，已经在农业生产、旅游宣传、会议展览等方面进行了探索，元宇宙应用成果正在逐步推出。

在政务领域应用层面，截至目前，国家、地方尚未在数字政府相关政策文件中明确提到"元宇宙"的概念，但梳理回顾发现，元宇宙的理念基因和部分关键核心技术早已得到体现和应用，政务元宇宙的建设应用悄然起步。例如，国家在《关于深入推进审批服务便民化的指导意见》《国务院关于加快推进政务服务标准化规范化便利化的指导意见》等文件中，提出要在政务服务中加强物联网、大数据、人工智能、区块链等元宇宙相关技术的应用，并在实践中积累了丰富的优秀案例与经验成果，很大程度上改变了传统政务服务模式，提升了服务效率与质量。但相对于整个数字政府来看，当前各级政府部门对元宇宙技术的应用主要聚焦在面向公众、企业的办事服务当中，以优化办事服务流程、提高办事效率、降低办事门槛等角度切入，元宇宙的核心特征和能力尚未得到充分体现，元宇宙与政务业务的深度融合还有较长一段距离。

## 三、下一步发展热点

作为数字政府转型发展的新趋势，政务元宇宙秉承着数字政府建设发展的核心原则，即坚持以人民为中心，充分满足公众的实际需求。从各级政府部门推进政府数字化转型的部署来看，以解决企业、公众切实需求为出发点，不断提升政务服务能力与质量，是数字政府建设的重要安排。政务元宇宙的建设发展是个长期、系统、渐进的过程，当下的推进重点应当从公众关注度较高、需求较为迫切、能够体现出政府行政体制改革重点方向和成效的角度进行切入。

在这种前提下，政务服务理所当然地成为政务元宇宙的发展热点。从当前政务服务的现实推进情况来看，它在互联网发展环境下面临四个方面的问题：一是内容传播形态匮乏，以文字形式为主的信息公开、发布形态、服务方式，已经不能满足公众获取信息服务的功能感官需求，在形式生动、内容精简易懂等方面存在不足；二是政务服务缺乏温度，不能满足公众、企业的情感需求，网站、新媒体等传统渠道服务界面只能传递出冰冷的情绪；三是个性化特征不够突出，地方和区域特色、行业领域特征无法通过现有方式更加全方位展现；四是疫情防控常态化背景下，实体大厅、窗口办事服务受到限制，老年人、残障人士等弱势群体获取办事服务的门槛提高。

针对以上问题，当前政务元宇宙的推进建设可以着重利用虚拟现实、增强现实等交互技术促进数字政府的转型升级，实现数字人交互服务、虚实融合跨空间办理、3D模拟仿真等。尤其是政务数字人可以作为一种新型载体，承担起政府部门与公众、企业交流互动的职责，满足公众、企业的办事服务需求，充当政府部门的代言人。相对实体大厅和窗口等传统服务方式，以及政府网站、政务新媒体等互联网服务渠道与界面，数字人在三个方面具有优势：一是数字人在交流互动方面更加贴近人类的互动方式，在交互效率方面具有先天优势，也是解决数字鸿沟的有效方式；二是数字人依靠大数据、人工智能等技术，能够极大地提高办事服务效率，也能有效克服主观情绪、办事经验等带来的办事效率、办事准确率方面的问题；三是从长远来看，数字人服务方式能够大幅降低公众、企业获取办事服务的门槛，也能降低政府部门运转运营的成本。

第三章

**政务元宇宙交互与数字人**

▷ 数字人是继网页、App之后，最新的交互载体和交互方式，是政务服务亲民、便民本质特征的最佳呈现。

▷ 依据形象、风格、对应关系、交互方式、驱动方式，可以将数字人划分为32种类型，根据政务应用场景，可选择不同类型的数字人。

▷ 数字人的构建不仅需要视觉上的科技感，更加需要思想上的含金量，需形神兼备，同步推进。

交互与数字人是政务元宇宙的媒介要素。元宇宙的发展核心是对交互方式颠覆性的变革,从具体形态来看,交互方式包括智能眼镜、数字人、体感设备、脑机接口等,其中数字人是当前元宇宙交互过程中信息获取与传递的主要载体。

# 第一节　数字人——交互方式的变革

## 一、交互方式的演进

数字世界的交互,从一开始就摒弃了人类之间通常的交流方式。最早的计算机只能采用穿孔纸带的输入方式,计算结果也是通过穿孔纸带输出来,其技术能力无法满足人们目光、语音、手势等自然交流方式。之后,进入键盘、鼠标作为输入设备的阶段。人们需要在"命令行"通过键盘输入"Copy""Del"等命令,实现计算机操作。但是普通人若不经过专业的培训,很难利用这种交互方式驾驭计算机。用鼠标操作的图形界面,比起使用键盘的命令行界面要直观得多。图形界面加上鼠标的交互,进一步简化了人们和数字世界的交流方式。

随着网络时代的到来，人们获取信息的主要来源发生了变化。过去，人们只是利用鼠标、键盘从单一的计算机中获取信息。有了网络，人们不用局限在一台计算机，而是通过这台联网的计算机，访问世界上所有公开的信息。在这段 PC 互联网时期，人类与数字世界交互的主要方式是"鼠标+键盘"，主要载体是一个个网站。

随着 3G 移动网络、智能手机的出现，网络进入移动互联网阶段。人类与数字世界的交互方式迎来一次重大变革，人们开始通过智能手机上网，交互载体也随之变化，内容丰富的 App 开始盛行。根据中国互联网络信息中心发布的数据，我国 App 数量在 2018 年达到最高峰，为 452 万款。App 成为人们获取信息服务和开展交互的重要渠道。

2021 年，迈入元宇宙元年，国内外各大厂商布局 AR/VR 设备，实现在下一个互联网时代中交互方式的市场卡位。据国际数据公司（IDC）发布的《全球 AR/VR 头显市场季度跟踪报告（2021 年第四季度）》，2021 年全年全球 AR/VR 头显出货量达到 1 123 万台，同比增长 92.1%。未来，人类将通过 AR/VR 设备进入元宇宙中进行信息交互。

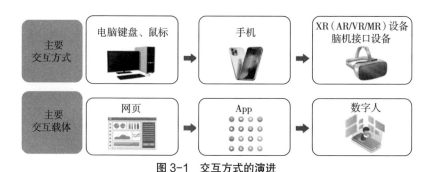

图 3-1 交互方式的演进

## 二、数字人：元宇宙的交互载体

数字人是元宇宙中人与人、人与物、物与物之间产生联系或发生交互的连接通道。数字人是这个数字世界处理事务的基本单元、接收和传播信息的关键通道、实现服务功能的主要载体。就像移动互联网时代广泛使用的 App，元宇宙时代一个个数字人将成为普及的交互载体。

随着元宇宙的发展，未来人类可能将有两个身份：真实世界的自己（本我，有且只有一个）和元宇宙中的自己（数字人，可能不止一个）。同时，元宇宙中也会出现大量的与真实人类无对应关系的虚拟数字人。这些数字人将成为人类生活、工作的重要支撑和必要补充。

### 1. 数字人是元宇宙中处理事务的基本单元

虽然目前多数数字人还在被设计、被制作、被驱动等模式下被动地发挥作用，基本没有自我意识和主动能力，其人工智能应用也是在特定应用场景下的局部和微观使用，更像是一种被赋予了人类外形的工具。但元宇宙概念的提出和全方位的应用普及，对数字人的发展来说意义重大。它将从元宇宙中获得完整的世界形态，人工智能应用也将逐渐变得普适和开放，数字人将逐渐不再以单一功能存在于元宇宙中。多元化的数字人，以及未来更多用户所拥有的虚拟身份，都将是元宇宙中最基础的元素构成和最重要的应用场景。

## 2. 数字人是元宇宙中接收和传播信息的关键通道

数字人在元宇宙中承担着信息制造和传递的责任,是现实与元宇宙场景互动关联的重要媒介,发挥着广泛而关键的作用。

图 3-2　信息传递的形态演进

元宇宙可能并非信息世界的终极形态,但其概念一经问世,几乎所有人都或多或少地意识到不久的未来,新一代的信息世界即将产生。而每一个时代的信息世界,其实都有专属的信息传播和交互的主入口,就如纸张时代的书信、报纸和期刊,无线电时代的广播和电视,PC 时代的网站,手机时代的 App 一般,元宇宙时代也必然需要类似的主入口,数字人将成为连接真实世界和元宇宙虚拟场景的主要方式和手段。

## 3. 数字人是元宇宙中实现服务功能的主要载体

人类与数字人应该是一种和谐共生的关系。元宇宙与真实世界之间并非零和游戏,而是齐头并进、相融相生。数字人的应用可以为人们的现实生活带来实实在在的便利,并与人类实现共生共荣。

目前,数字人产业主要通过搭建内容生成平台,针对特定行业(如政府、金融、媒体、电商等)的人工智能客服、虚拟主播、虚拟助手、新闻播报等提供相关应用服务。随着各类底层技术越发成熟，会有更多为公众服务的数字人应用场景出现，数字人将可以更广泛地为元宇宙时代的社会提供便利。

未来，随着数字人技术不断迭代创新，现实人类将可以凭借数字人深度参与实体经济的生产活动，各行业的工作效率也将得到显著提升，并反哺物理世界中的技术与产品，使数字人及元宇宙得以循环迭代升级。

## 第二节　数字人的分类方式

根据形象、风格、对应对象、交互方式、驱动方式这五个维度，我们可以对数字人进行综合分类。

图 3-3　数字人分类

### 一、按形象分类

根据呈现模式，我们可以将数字人分为 2D 数字人和 3D 数字人。2D 数字人的呈现方式与目前的照片、图像类似，3D 数字人则需要额外使用三维模型进行描述。由于早期 3D 数字人的技术成熟度不高，对算力要求较高，因此 2D 数字人占据了主流地位。随着元宇宙时代的到来，相关技术和算力等底层基础能力快速提升，3D 数字人开始逐渐成为主流。2D 数字人和 3D 数字人在呈现效果上的区别如表 3-1 所示。

表 3-1　2D 数字人与 3D 数字人的呈现区别

| 类型 | 2D 数字人 | 3D 数字人 |
|---|---|---|
| 数值形态 | 像素表达 | 向量表达 |
| 动作形式 | 动作有限，固定且重复 | 动作灵活，可任意驱动 |
| 表现形式 | 呈现平面形象 | 可呈现三维立体形象 |
| 驱动方式 | AI 驱动 | AI 驱动、动捕驱动 |

## 1. 2D 数字人

2D 数字人的建模技术相较 3D 数字人简单，多以真人形象为建模的原始素材，并且几乎不需要使用渲染类工具软件，其呈现的最终效果只能在固定的单一视角下使用，不能旋转和在 3D 场景中移动。2D 数字人的优势在于其制作成本较低，能够较为快速地生成和使用。

## 2. 3D 数字人

3D 数字人的人物形象素材类型多种多样，如真人、卡通以及仿真再造等，最终需借助渲染工具进行三维立体展现，可以在不同场景下呈现不同姿态，与真实效果基本无差异。3D 数字人对原型创意、美术设计及技术实现等提出了更高的要求，与 2D 数字人相比，其制作成本会显著增加，制作周期也会更长。

图 3-4　开普云 3D 虚拟政务大厅数字人

## 二、按风格分类

日本是最早开始数字人产业化的国家,其长期盛行的二次元文化催生了让"纸片人、卡通人"动起来、形成交互的情感需求。随后,数字人开始在影视作品尤其是科幻类作品中频繁出现,行业发展驱动由小众文化的情感连接需求,向技术驱动转移。动作捕捉、面部捕捉、3D 建模、渲染技术,以及人工智能的发展,极大地丰富了数字人的形态和应用场景。

### 1. 二次元风格数字人

二次元文化已经成为有广大受众、蕴含着巨大商业价值的文化热点之一。数字人偶像作为二次元文化的衍生,具有庞大的潜在粉丝群体。相比于真人偶像,数字人偶像经过对外形和人设的塑造,更接近于粉丝心中完美的形象,且不易出现负面新闻,按需定制的虚拟偶像能最大限度上满足粉丝的心理需求,比如《超时空要塞》中女主角林明美、现象级数字人偶像初音未来、国内首位数字人偶像歌手洛天依。

在制作方面,二次元虚拟人制作成本相对较低,技术门槛也在不断降低。现在已经有各运营平台推出免费自定义功能,用户可以自由创建自己的虚拟角色,实现符合本人、机构风格的数字人。

### 2. 真人写实风格数字人

真人写实风格数字人在营销模式上与二次元风格数字人类似,

依靠社交平台、公益等方式积攒知名度，而后通过广告、演唱会等方式盈利。但在制作上，由于需要极大地贴近真人形象，写实风格数字人的前期投入成本较高。

## 三、按对应对象分类

根据所对应对象的自然人和法人类型，数字人分为对应个人的数字人和对应机构的数字人。

### 1. 对应个人的数字人

对应个人的数字人一般为真实人类个体在数字世界的高度还原分身，具有明确的身份信息、生理特征和性格属性。例如2020年4月，美国饶舌歌手特拉维斯·斯科特用严格按照他自己的身材比例和细节，甚至精确到他脚上所穿的鞋子型号的虚拟数字人，在游戏《堡垒之夜》里举办了一场直播演唱会，有1 200多万玩家同时在线，相关视频超过2亿人次观看。

### 2. 对应机构的数字人

对应机构的数字人多为政府或商业机构所创建，因此如何将其社会影响力和商业价值最大化是根本。由于机构类型多样，对应机构的数字人也各式各样。下面针对虚拟偶像、助理分身和虚拟客服三类数字人进行简单介绍。

（1）虚拟偶像

在互联网中，涌现出各种品牌的虚拟形象代言人，一般称之为虚拟偶像或者虚拟网红。他们在现实世界中并不存在对应的真人,其外貌特征、基本人设、各类偏好、背景信息等均是人为设定。虚拟偶像以两种方式存在:一是全新创造的 IP(Intellectual Property,知识产权),如新华社首个虚拟网红形象"热爱 REAI";二是基于文本、漫画、游戏,将角色立体化后形成的可交互、可多渠道运营的虚拟 IP,比如游戏《穿越火线》的灵狐数字人等。

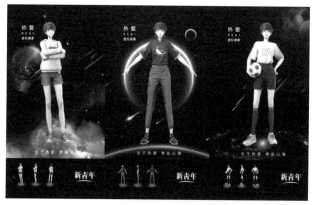

图 3-5　新华社新青年数字人热爱 REAI

虚拟偶像相对于真人 IP,具备科技含量高、流量大、更安全、可延展四个特征,可实现跨时空、跨品牌、跨物种等带货代言。这不仅解决了经纪公司对特定 IP 长期稳定持有的问题,还能够以偶像或网红为核心场景,让虚拟偶像高质量、高效率地参与高频、碎片且实时的直播、代言等运营活动。

(2)助理分身

助理分身式数字人多是基于真人形象进行再加工仿真创作,在通用场景或特定关怀类场景中提供顾问、关怀、陪伴、事务处理等助理式服务。

助理分身式数字人目前是国外数字人公司的业务发展重点，如三星 Neon、UneeQ、SoulMachines、HourOne 等。不同于简单的虚拟客服，特定场景中的助理分身是高度个性化的。除去多模态技术外，与业务相关的个性化分析及推荐系统在场景中同样重要。目前，国外厂商已有的应用场景包括个性化理财顾问、心理咨询顾问、购物助理、健康顾问等。

（3）虚拟客服

目前，虚拟客服主要用于替代真人进行交流等内容生成，并进行问答互动等。它可以降低用户对真人的需求，减少标准化内容的问答成本。

数字人可以提供动作、表情等更多维度的信息，将服务内容进行更丰富的呈现。在内容方面，有声读物、文本内容等将有望快速扩展至视频领域。希望实现融媒体转型的各级媒体机构，也在尝试通过使用虚拟主持人，低成本生成所需媒体内容。在服务方面，针对特定场景（如展厅、培训教室等）的指引、导览等均能够以更为人性化和易于使用的数字人方式呈现。

在现有的技术条件下，业务需求和规则流程相对明确的客服场景，是目前虚拟客服较为理想的快速应用方式。除去替代真人外，由于能够基于知识图谱、数据迭代等进行更快的业务知识升级，虚拟客服具有独特优势。在具体使用中，通过预置知识库、知识图谱、用户自主配置触发条件等，虚拟客服可以对用户的基本诉求进行行为和语音识别，并以固定话术进行回应。虚拟客服可以通过软硬一体大屏、电子播报屏、网站、App、小程序等形式更好地服务客户。

2021年，大连税务局打造"塔可思"（TAX）虚拟数字人服务体系，通过手机App、税务网站、自助终端等各类涉税服务入口，提供集咨询、办理、查询、预约、诉求响应于一体的高效互动服务，使用户无论何时何地都如同置身于税务服务大厅与窗口真人服务人员交流一样，体验沉浸式服务。

## 四、按交互方式分类

数字人作为真实人类的映射和延伸，具有相应的社交属性。但在元宇宙还没有产生自我进化和发展的规则之前，这种社交属性还只是停留在信息传播和反馈能力上，并不会立刻形成独立的自我意识和情感。我们可以理解为，现在数字人的社交能力还是功能性的，数字人之间的差异在于是否能够在传达信息的同时，还可以对所接收到的信息进行分析判断并做出回应。因此我们按照单向交流和双向交流两种交互方式来区分数字人。

### 1. 单向交流数字人

常见的单向交流的数字人场景是新闻播报类的，这种传媒形式是非常适合数字人的。2021年，《广播电视和网络视听"十四五"科技发展规划》提出"推动虚拟主播、动画手语广泛应用于新闻播报、天气预报、综艺科教等节目生产，创新节目形态"，单向交流形式的播报型数字人进入发展快车道。

新华社媒体融合生产技术与系统国家重点实验室打造的虚拟记者"小净"，于2021年6月17日神舟十二号载人飞船发射当天首次亮相,为观众带来全新的航天采访体验。央视新闻则引进人工智能技术打造了首位虚拟 AI 手语主播,为中国听障群体提供北京冬奥会手语服务。

图 3-6　新华社虚拟记者小诤

另外,受限于科技发展水平,目前超写实的数字人还不能无延迟、高质量地应用于手机端的实时服务,但超写实精度的虚拟人建模使得虚拟人的行为举止变得更加自然,通过离线制作高画质视频内容,并利用媒体矩阵广泛传播也成为目前很多虚拟偶像 IP 的主要运营手段,比如在北京冬奥会上大放异彩的谷爱凌,就将自己的数字分身"MeetGU"和新华社虚拟网红"热爱 REAI"一起,在冬奥会期间利用新华社、中国移动及咪咕视频三方的媒体矩阵进行赛事宣传,很好地提升了各自的 IP 影响力。

## 2. 双向交流数字人

如果说单向交流的数字人似乎没有很强的社交能力,更像是个茕茕孑立于高速公路两侧的广告牌,孤芳自赏地等着别人来欣赏或者是被无视，那么具有双向交流能力的数字人则代表了未来，这也是发展的必然。

这里的"双向交流"其实是广义的，包括一对一、一对多、多对多等各种交流形式，而具体手段也可以是文字、语音、图形、动作中的一种或者多种的复合使用。

疫情期间各地区对异地往来人员都有不同的防疫管控要求，为了方便快捷地让人们出行无忧，开普云公司在 2022 年春节期间推出了"疫情出行数字人小助手"。

使用者可以通过微信小程序，以语音输入模式和数字人小助手进行交流，查询各地春节期间的返乡、离乡及出行政策。这是一个典型的一对多形式的双向交流。

图 3-7 开普云"疫情出行数字人小助手"

虚拟直播带货是目前最常见的双向交流的数字人应用场景，目前联合利华、纪梵希等传统头部企业均已布局，可以预见未来将会有更多的品牌布局虚拟人主播，来替代闲暇时段的静态页面，甚至是高峰时段的真人主播，为商家带来更多销售额，开拓业绩新增长点。

## 五、按驱动方式分类

根据量子位发布的《2021 年虚拟数字人深度产业报告》，从驱动方式来看，数字人可以分为真人驱动型数字人和AI驱动型数字人。后者是近年来多模态技术和深度学习发展的技术集大成者。

## 1. 真人驱动型数字人

真人驱动型数字人指的是，在完成原画建模和关键点绑定后，动作捕捉设备或摄像头将基于真人的动作或表情等驱动数字人。由于背后有真人操作，真人驱动型数字人在动作灵活度、互动效果等方面有明显优势，一方面能够在影视内容的创作中降低生产成本，为影视行业降低门槛，推动影视级内容向消费级转化，另一方面则多用于虚拟偶像、重要直播中，完成大型直播、现场路演等互动性、碎片化活动。

事实上，真人驱动这种技术思路可以看作是传统影视制作的进一步延续，近年来主要的技术突破在于动作捕捉环节。随着图像识别技术，及姿势、表情等识别算法的进步，昂贵的惯性或光学动作捕捉设备不再是驱动的必备工具。普通摄像头结合理想的识别算法已经能实现较为精准的驱动，如iPhoneX之后型号的苹果手机的摄像头已经可以支持简单的动作捕捉，显著降低了精细虚拟内容生成的门槛。

## 2. AI驱动型数字人

AI驱动型数字人的语音表达、面部表情、具体动作将主要通过深度学习模型的运算结果实时或离线驱动，在渲染后实现最终效果。

AI驱动型数字人的最终效果受到语音合成（语音表述在韵

律、情感、流畅度等方面是否符合真人发声习惯）、自然语言处理（与使用者的语言交互是否顺畅、是否能够理解使用者需求）、语音识别（能否准确识别使用者需求）等技术的共同影响。尽管在特定方向上，各感知类技术已有的商业化能力足以支撑数字人的制作，然而，要达到理想的效果，需要制作方在上述三个方面同时具有较强的能力。

## 第三节 政务元宇宙中的数字人

政务元宇宙中的数字人，承载了现实政府在元宇宙中为公众提供服务、维护虚拟世界秩序的职能。政务元宇宙中的数字人必然有其鲜明的行业特点和应用级别，而且是建立在真实世界的社会制度、法律法规、社会伦理等规则基础上的，它的一言一行、声容仪貌等均需要与真实世界政府部门的实际状态匹配，并得到必要的授权和认证。

### 一、政务元宇宙中数字人的特点

政务元宇宙数字人的工作面向公众需求，在虚拟世界里精准确定服务对象和服务内容，扎实高效地提供服务，能够满足服务时间长、适应岗位多、协作程度高、服务态度好的要求。

政务元宇宙数字人可以提供 7×24 小时的服务，也可以通过多个复制体在同一时间不同的场合提供多种类型的服务。政务元宇宙数字人的制作机构需要充分考虑这个特性和需求，重视政务元宇宙数字人的业务能力平台的技术研发和适应性训练，并在设计数字人时使他们具有适配多种业务场景、满足各类服务需求的能力。

政务服务工作错综复杂，一项工作往往涉及多个机构，内部也牵扯多个部门。现实政务体系已经逐步实现了"一网通办""一网统管"，而在元宇宙的政务服务中，数字人不仅要继承已有的服务模式，更要实现虚实两个体系的全面系统集成。实现政策、对象、标准、管理、信息、考核等方面的无缝对接，进而建立政务元宇宙数字人牵头、各部门快速响应联动的服务机制。

政务元宇宙数字人需要用精准的服务保障服务温度，通过政策衔接、对象衔接、数据衔接，做到识别精准、执行精准、管理精准。政务元宇宙数字人在设计时便应该树立"有人情味、有同理心、以人为本"的人设。在具体开展政府服务工作时，态度不可"生冷硬"，要做到"人性化"，通过智能算法尽一切努力为群众排难解忧。

## 二、政务元宇宙中数字人的身份

现实世界中，身份是自然人、法人组织等在现代社会中进行生活、生产及参与其他社会活动的资格，一切法律关系均依赖于身份。元宇宙中的身份源于现实社会的身份，以"数字分身""数字化身"等形态存在。因此，在政务元宇宙中，身份同样是个体和组织参与政务元宇宙活动的基础。无论是现实社会中的身份，还是元宇宙中的身份，其权益如果需要得到法律的保护，首先身份本身必须是被法律所认可的，因此身份认证体系必须由政府主导建立。

在政务元宇宙中，无论是"数字分身""数字化身"，还是其他形态的数字人,其身份都需要能够追溯到其代表的现实身份,这个现实身份可以是一个自然人,比如从个人数字分身追溯到本人,也可以是一个组织,比如从企业的形象代言数字人追溯到企业法人。

现实世界中自然人身份可以由法定身份证件确立,用密码学、生物特征识别等技术进行识别。法人组织及非法人组织的身份均可由营业执照确立,用实体证件验证、密码学等技术进行识别。

互联网技术和应用的蓬勃发展,促进了身份认证应用的不断深化。元宇宙中数字人身份将持续面临三个重要问题:真实有效性、身份统一性、数据安全性。

元宇宙数字人身份应具备现实身份的"信任根",具有权威性和真实性,具备跨域互认的能力,并具有隐私保护的能力。在这种要求之下,政务元宇宙的根身份管理模式应该是中心化的,建立在法定信任级基础之上,而验证技术可以是去中心化的,在不同的技术平台与业务平台上实现分层认证,在必要时进行根身份追溯。

## 三、政务元宇宙中数字人的演进

在政务元宇宙中,数字人的应用需要从技术成熟度和适用场景两个维度来考虑。数字人涉及多种技术的整合,其中任何一个环节出现短板,整体都会受到影响。

从政务领域的场景出发,不同的场景对数字人的需求是有差异的，政务元宇宙数字人能力分为三个层次。在具体实践中，依据不同的场景，这三种能力可并行推进。

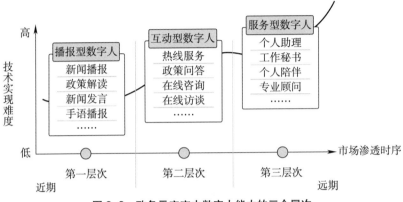

图 3-8　政务元宇宙中数字人能力的三个层次

第一层次是播报型数字人。这类数字人目前已经相对成熟，可以在政府网站、政务新媒体中实现新闻播报、政策解读、新闻发言、手语播报等服务，让内容的表现更加丰富、生动，让特殊人群获得更多信息传达的通道。用户只需将播报内容输入平台，选择数字人的形象、音色、背景后，对播报内容的语速、语调等进行调节，即可快速生成播报视频。

第二层次是互动型数字人。政务元宇宙的互动交流场景对数字人提出了更高的要求。数字人可以通过预置知识库、知识图谱、用户自主配置触发条件等，对用户的基本诉求进行行为和语音识别，实现简单交互。但这只是互动型数字人的初级形态，未来互动型数字人在服务过程中会更加拟人化和智能化，从辅助人类交互过渡到自主交互。

第三层次是服务型数字人。在经历了前两个阶段的发展后，数字人的专业知识体系已经相当完整，专业领域的数字人专家也将出现，提供专业服务。如果将数字人背后的知识体系进行联通，实现通用化交互，则全能型的数字人将会出现。每个人都将会有一个服务型数字人，随叫随到，主动感知、提醒，成为工作和生活中的最佳助手，比如《流浪地球》中的领航员空间站核心智能主机"MOSS"，就是一个全能服务型数字人的典型代表。

## 四、数字人的服务能力支撑

政务服务涉及的部门多、专业性强、流程环节多且处理情形复杂，政府信息化建设也是多以业务条线的方式进行，如公安、民政、水利、农业、市场监督管理等，各政务服务部门间的信息化建设进度也存在较大的差异。随着我国"互联网＋政务服务"战略的实施、政务服务业务需求变化频率进一步加快，面对政务元宇宙的兴起与元宇宙产业发展的最新需求，数字人提供的政务服务也将呈现出多种形态，因此政务服务部门需要为播报型数字人、互动型数字人、服务型数字人逐步建立健全其支撑能力，建立数据、业务和技术的协同能力，形成开放共享、弹性扩展、灵活配置的支撑能力体系。

基于上述支撑能力体系，结合政务业务和公众需求，政务服务部门应创建不同的业务应用，如数字人政策问答、政务服务热线、云旅游导游等，构建垂直领域的数字人和虚拟现实等场景应用，并与现有业务进行对接，形成完整的政务元宇宙数字人应用。

政务元宇宙中的数字人支撑能力以数据为驱动。互动型数字人和服务型数字人应整合各类数据，构造知识图谱，形成可复用的服务组件。通过将不同系统的服务组件连接与融合，提供抽象、整合、可复用的政务服务。通过不同业务系统的灵活构造和敏捷研发，实现场景与服务关联。

第四章

**政务元宇宙虚实空间与场景**

▷ 虚实空间融合包括线下空间的虚拟化和线上空间的3D化,是政务元宇宙区别于数字政务建设其他阶段的鲜明特征。

▷ 政务服务的场景化、场景的泛在化,使得人们可以获得足不出户和身临其境的办事服务体验。

▷ 数化万物,万物为媒,将"人机物"协同能力进一步提升,服务无处不在,无时不在。

虚实空间与场景是政务元宇宙的时空要素。政务元宇宙中虚实空间作为信息传递、交流交互的空间承载，承担了重要作用。虚实空间不仅仅能够完成虚拟空间和实体空间的构建，更重要的是能够打造一个虚实联动、虚实结合、虚实共生的"虚实创新世界"。它既具有虚拟特征，又具有实体特征，为用户创造与以往不同的服务体验。用户在政务元宇宙中获取各类政务服务的途径将发生变化，可以在虚拟空间中获取信息、办理业务、取得结果反馈。在政务元宇宙中人们无须面对冰冷的表格，无须面对枯燥的文字，通过可视化的方式便可以方便地获取服务，可以有效突破时空的限制。

虚实空间与场景主要体现在三个方面：政务业务入口的数字人化、政务业务空间的虚拟化、政务业务场景的泛在化。

## 第一节　政务业务入口的数字人化

政务元宇宙的演进不是一蹴而就的。多年来，政府门户网站作为政务信息数据和便民服务互联网平台，极大地提升了政府网上服务能力，承担了信息发布、解读回应、办事服务、互动交流等工作。同时，随着集约化建设的开展，各级政府门户网站也逐步打通了信息壁垒，推动了政务信息资源共享，提升了政府网上履职能力和服务水平。

随着互联网和自媒体的不断发展，政务新媒体也逐渐成为重要的发声通道。政务新媒体发挥了传播速度快、受众面广、互动性强等优势，以内容建设为根本，不断强化发布、传播、互动、引导、办事等功能，为公众提供便捷实用的服务。在形式上，政务新媒体注重运用生动活泼、通俗易懂的语言以及图表图解、音频视频等形式提升解读效果。但是，目前基于政府网站和政务新媒体、线下政务大厅所提供的政务服务，还普遍存在着便捷性不高、用户满意度不足、体验感不强等问题。

当前，在元宇宙已经成为未来发展必然趋势的新形势下，我们可以利用元宇宙技术，特别是数字人技术，进一步提高政府网站和政务新媒体、政务大厅的政务服务临场感，让政务互动更自然，服务更高效。

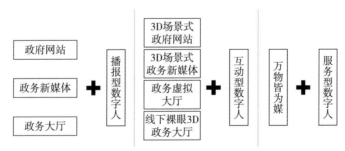

图4-1　政务元宇宙中的数字人层次划分

数字人作为元宇宙中信息交互的载体，在政务元宇宙中承担了服务实现与信息传递的角色，是现实世界与元宇宙互动关联的重要媒介,将成为连接现实世界与元宇宙虚拟场景的重要手段。因此,政务元宇宙中的数字人也必将逐步作为信息交互与事务办理的载体,承担着政务服务入口的功能。

当前,政务元宇宙建设的主要内容是政务服务入口的拟人化、客服化、场景化。在政府网站和政务新媒体中,信息传递将在传统的页面、表格、文字表达的基础上,逐步引入数字人,以客服形式进行信息播报、政策解读、服务引导。将实体数字人(机器人)引入线下政务实体大厅,提供自动化、智能化的引导和代办服务,使现场办事服务更加快捷高效。同时,实体数字人进入大厅,可减少办事窗口,有效降低实体政务大厅人工成本,有利于沉淀办事过程数据,以优化提升政务服务。

## 一、单向信息发布

数字人可以完成信息类服务,主要包括事项指引服务、政策解读服务、行政职能职责信息服务、文旅信息服务。

### 1. 事项指引服务

事项指引服务提供证件办理、社会保障、交通出行、资质认证、财务税收、知识产权等服务指南信息,通过对各部门的政务服务事项的办事流程进行采集和梳理,并对设定依据、申请条件、基本流程、审批对象、承办单位等内容进行识别提取,形成办事指南知识库,为上层应用提供各类政务事项的办事指南信息服务。

### 2. 政策解读服务

政策解读服务包含各级政府部门的相关政策信息的解读，通过对政策内容进行采集、清洗，并对政策中的申报对象、办理流程、申报材料、主管部门等内容进行识别提取，形成政策知识库，并为上层应用提供按等级、按部门筛选的政策信息解读服务。

### 3. 行政职能职责信息服务

行政职能职责信息服务提供各政府部门的职能介绍、联系信息、领导简介、机构设置等信息，通过采集区域内各政府部门的职能职责信息等，形成行政职能职责数据库，并为上层应用提供行政职能职责信息服务。行政职能职责信息服务可用于数字人办事指引、政务服务热线咨询等场景。

### 4. 文旅信息服务

文旅信息服务提供旅游景点和文化旅游服务信息，通过对旅游景点的名称、等级、地址、开放时间、文化遗产数字资产等相关数字信息进行采集、清洗，并与文化旅游服务信息进行整合，构建形成文旅主题库，并为上层应用提供文旅信息服务。

## 二、双向互动交流

随着数字人、知识图谱、人工智能等技术的不断发展，数字人的能力也将不断提高，并承担更多场景下的服务，数字人将从信息播报、政策解读、服务引导等单向形式,逐步转向互动交流的双向形式。通过双向互动型的数字人,用户可以进行政策咨询、互动交流、知识问答等更多的交互行为。

同时,数字人应用的场景也会出现延伸。将来更多的虚拟现实技术会应用于政府网站、政务新媒体和政务实体大厅中,通过利用增强现实、虚拟现实、扩展现实等技术,政府网站和政务新媒体可以升级为3D形式的新型网站和新媒体,线下大厅将更多地通过裸眼3D技术,以虚实结合的形式出现。用户可以在各类新型网站、新型政务新媒体中和虚拟数字人进行交互,可以在新型政务大厅中与实体数字人进行互动交流并获得如下几种服务。

### 1. 政务问答服务

政务问答服务针对政务服务内容提供智能问答服务,通过对政务服务基本信息、事项信息、办事流程、政策及政策解读信息、网民留言信息等内容进行统一采集、清洗和管理,形成政务服务问答库,通过人工智能技术构建政务服务知识图谱,并构建政务问答应用,对上层应用提供政务问答服务。政务问答服务可用于数字人政务答疑、数字人在线咨询等场景。

### 2. 统一评价服务

统一评价服务为政务服务办理、用户意见提供统一的评价服务,包含用户评价、投诉、意见和建议、举报、表扬等功能,对评价内容进行统一收集和管理。统一评价服务可用于12345政务热线、数字人意见征集等场景。

### 3. 政务访谈服务

政务访谈服务提供政务访谈主持人智能问答服务，通过数字人引擎对主持人的性别、形象、动作、语音等要素进行合成，并结合访谈对象相关信息、访谈主题、访谈知识库、问题库等信息服务，构建数字人访谈应用，结合人工智能技术对访谈对象的回答进行回应。政务访谈服务可用于数字人政务访谈等场景。

双向互动型数字人的核心是拥有一个强大、全面的政务知识体系的"政务知识大脑"，拥有全面的政务知识大脑的数字人才能真正完成人与数字人的无障碍交流。

## 三、办事助理服务

随着政务元宇宙场景的不断丰富，数字人提供的服务内容也会不断增加和丰富，数字人自身的定位和所拥有的一些附加属性也会更加细化。单纯的新闻播报、政策解读数字人承载的职责是"新闻广播员"，而当数字人可以为用户提供双向交流、办理业务时，数字人的身份就会延伸：在元宇宙中召开新闻发布会的数字人是"数字新闻发言人"，帮助用户办理退税业务的数字人是"数字税务员"，帮助用户办理户籍的数字人是"数字户籍警"。

随着技术的发展，政务服务入口的数字人化将因信息载体的不断升级而发生变化。数字人的职责、定位、边界不断细化将是政务数字人构建的重要趋势。未来，当屏幕无处不在时，当万物皆为屏时，数字人背后的"大脑"——知识图谱，也必将更加全面，数字人能够处理的各类事务也更加丰富，数字人也将从互动型数字人升级为服务型数字人。服务型数字人可以基于用户的需求，帮助用户完成事务的处理，比如用户身份证丢失时，可以对数字人提出"帮我重新办理身份证"的需求，这时数字人会自动完成身份证挂失、身份证办理等一系列服务。这时的服务型数字人作为一种新型的"公务员"，可极大提高政务效率与产出。

服务型数字人主要提供个人事项办理服务和法人事项办理服务。

### 1. 个人事项办理服务

个人事项办理服务针对个人用户提供户籍、教育、就业、社保、税收、住房、交通、婚姻、生育等各领域政务服务事项的申请、审批、办理和监管服务，支持联合办理服务，比如出生登记、户籍办理和社保联合办理等。

### 2. 法人事项办理服务

法人事项办理服务针对法人用户提供开办登记、纳税、企业资质、信用监管等各领域政务服务事项的申请、审批和监管服务，支持联合办理服务，比如工程建设项目审批等。

政务元宇宙

## 第二节 政务业务空间的虚拟化

空间是一个相对概念，它构成了"事物存在"的衡量坐标，对事物的观察一定是基于其存在的空间。数字人承载的是用户在政务元宇宙中信息交互的入口功能，而政务元宇宙中的虚实空间则是政务业务活动的载体。

随着数字人的不断普及、元宇宙技术水平的不断提高、业务流程的不断优化，用户对政务元宇宙的要求也必将提高。提升用户体验，不仅仅是要求数字人的交流、交互、服务能力有所提升，对政务元宇宙的虚实空间便捷性、服务的便利性、信息展示形态也提出了更高的要求。

政务元宇宙构建的空间世界是多元的、复杂的、多维交错的，它不是简单地构建一个虚拟空间，也不是简单地模拟和复制现实世界，它包含了"线下场景的虚拟化""线上空间的3D化"两大方向。政府网站、政务新媒体、线下实体大厅等形式也将融入更多的虚拟原生、扩展现实等技术，取而代之的是形式更丰富、体验更多元的虚拟化展现形式。构建的虚拟化政务服务大厅，需要满足交互性和多感知性。

交互性是指用户对模拟的政务服务大厅的可操控程度。用户通过设备眼镜进入虚拟真实环境，同时身体器官对虚拟环境做出某种操作，虚拟政务服务大厅也做出相应回应。

多感知性是指电子设备能为用户提供感知方式，比如听觉感知、触觉感知、味觉感知、嗅觉感知，通过 VR 虚拟仿真配件就可以体验这种感觉。

## 一、线下空间的虚拟化

政务服务大厅是人们在线下获取政务服务的重要途径。近些年，随着政务服务大厅的建设发展，线下大厅推出了"一窗办理""最多跑一次"等服务，通过整体政务服务流程细致化的拆分，把受理、咨询、收费、出件、填表、办理等业务环节标准化，提高整体政务服务办事效率和促进其规范化。

由于线下政务服务大厅受到人员数量、人员素质、服务标准化程度、场地等因素限制，始终难以彻底解决服务效率和服务质量问题。而政务元宇宙的出现为实体政务服务大厅的发展提供了方向，通过实体政务大厅虚拟化，可以有效解决人员数量不足、人员素质不同、服务标准化程度不高、场地因素限制等带来的现实问题，从而提高服务的效率和质量。

利用全息投影、扩展现实等技术，政务元宇宙可以很容易地在现实世界中构造出一个虚拟的场景，让用户身临其境地感受场景的魅力，为用户带来虚拟世界与现实世界之间无缝转换的"沉浸感"。

传统形式的柜台、窗口的数量会大幅缩减，取而代之的是利用裸眼 3D、增强现实等技术实现虚实结合的线下政务服务办理大厅。在政务服务大厅里,由实体数字人为用户提供政务服务。裸眼 3D 和增强现实技术可以实现在现实空间之上增加一层或多层数字信息。

目前,增强现实空间已应用于政务服务大厅中的适老化服务以及城市历史遗迹保护、文化空间展览、艺术品复原等领域。通过线下实体政务服务大厅与增强现实技术、地理信息技术深度融合,通过 AR 设备提供与实体大厅相结合的视觉内容和服务,为用户增加新的体验维度。

当然,XR 政务服务大厅也需要构建一个拥有政务知识大脑的数字人,通过服务标准化程度高、智能化程度强的数字人,解决人力不足、人员能力不同的问题,并通过创建政务元宇宙标准化的服务流程,解决流程不可控的问题。

政务元宇宙通过构建 XR 政务服务大厅,实现场景、服务内容、服务结果的动态展示,将虚拟技术引入真实世界场景,实现更高质量、更人性化、更便捷的政务服务。

## 二、线上空间的 3D 化

3D 化是下一代政府网站和政务新媒体端的发展方向。

互联网的出现,为人们搭建起了一个比现实世界更便捷、更快速、可以连接不同时空的空间,随着互联网的发展和各类智能终端的出现,各级政府也已经在互联网构建了政务服务平台,人们已经习惯于通过网络获取政务服务。但网页、新媒体的展现形式都是平面的,通过网页、新媒体端提供服务摆脱不了浏览器、

App，摆脱不了冰冷的表格和文字。随着技术的发展和 VR 眼镜的普及，线上环境的载体也会逐渐发生迭代，政务服务的出口载体将逐步出现线上空间从平面化向虚拟化的转变，政府网站、政务新媒体形态也可能发生变化，原有的平面式信息展现将逐渐转换成形式更丰富、体验更多元的 3D 样式。

在创建政务服务线上 3D 场景时，人们既可以创造出来一个完全虚拟化的场景，即"数字原生型政务服务大厅"，也可以基于现实政务服务大厅创造出来一个"数字孪生型政务服务大厅"。

当然，这两类大厅都需要关联现实的政务服务内容，以服务于真实的人的需求。在创造出来的"政务服务大厅"中，用户可以和他人交流，办理政务业务。

构建虚拟政务服务大厅时，人们需要利用空间构建引擎进行场景搭建，并应用政务元宇宙服务场景应用平台，配置场景与政务服务的关联。

政务元宇宙的空间引擎是构建政务元宇宙空间环境的基础工具，主要包括实物重建、3D 建模、渲染引擎等多种技术。政务元宇宙空间环境基于实物重建技术、3D 建模技术完成模型的构建，并与渲染引擎结合使用，实现 3D 政务元宇宙场景的构建。

实物重建是一种逆向建模，是针对某些三维物体、场景、人体等的恢复和重构的一种逆过程，由二维图像或者其他设备还原出三维的立体物体、场景和人体等，形成模型，方便计算机表示和处理。通过 3D 重建技术可以减少大量人工建模工作，提高政务大厅的 3D 建模工作效率。当构建政务数字孪生的虚拟大厅时，实物重建通过摄像机等传感器进行现实物体的数据获取，经过数据处理、融合、分析等过程，将实体大厅映射为3D模型。

开普云公司推出了"混合式3D建模平台"，独创了"视场灰度分析法"，可通过录入视频、上传照片，借助立体视觉、阴影恢复、运动恢复结构、光度立体等多种方式，为用户快速构建人体、政务大厅、物体的3D模型，有效降低政务数字孪生的3D建模成本。

构建出来的虚拟场景需要通过定位跟踪技术实现用户在虚拟政务服务大厅中的行动、交互、感知。定位追踪越及时、越精确，用户在政务大厅中的沉浸感就越好。如果用户在虚拟场景中的位置之间存在滞后，则可能会极大地影响用户的体验。

政务元宇宙的关键核心在于面向用户提供政务服务；单纯地构建一个实体或虚拟的空间载体，而不与现实世界进行关联的话则无实际意义。所以，政务服务的空间虚拟化一定要结合政务服务、元宇宙的特征，可实可虚，即政务服务的空间虚拟化既包含实体世界的服务内容、数据信息，又能提供虚拟世界亦幻亦真、亦虚亦实的体验。

## 第三节　政务业务场景的泛在化

随着技术的不断进步,各类型的数字化屏幕已经逐渐进入人们的日常生活,从手机到大型电视以及大型商用屏幕,数字化屏幕在人们的生活里随处可见。随着数字化屏幕的应用场景越来越多,它已经变成了代替纸质媒体的主要媒体。政务元宇宙的发展也将随着数字化屏幕的广泛应用而不断演进。

在经历了政务服务入口的数字人化和政务服务空间虚拟化的阶段后,政务元宇宙将进入一个"场景泛在化"的阶段。当达到"政务业务场景的泛在化"阶段时,用户可以在任何地点以任何形式办理政务业务。

"场景泛在化"阶段的核心是"数化万物"和"万物为媒"。在这个阶段,万物皆为数,数亦为万物,数物相通,物数相融,万物为媒,媒为万物。社会上存在的各种物体、人甚至思维和记忆都会被数据化。信息不再局限于特定的载体和生产发布平台,社会中的每一个物品都可以成为媒介。

在万物皆为媒的环境中,物体作为主要传播媒介将延展人的能力。在万物皆为媒的时代,信息承载的介质将被无限泛化,任何物体都可以当作显示的载体,数据可以被万物展示,能够超越人获取信息的物理限制,数据经过加工后可直接推送给用户,用户可以在任何介质中获取政务服务。

不同的媒介之间将形成互联，并构造出完善的信息生态系统，而且交互媒介可以跟踪政策动态、服务进度，开展服务评价。例如，在办公室，你随时可以召唤出数字人满足你的服务需求；坐在咖啡厅，你可以让餐桌显示服务的进度；在飞机上，飞机的舷窗会显示你的服务结果。政务服务已经不再受到空间的限制，也不会受到载体的限制。

在技术层面，随着万物为媒的发展，不同媒介将通过物与物的连接形成一个全新的传播网络，从而更大程度上扩大信息的传播范围，同时促使物与人、物与物之间的传播成为现实，进而构建一个全新的传播系统，使人们摆脱时空限制，真正获得以人为中心的政务服务。

万物皆为媒意味着每一个物体都能成为媒介，从而形成泛媒化的媒介环境。那么，这里的"物"当然也包括"人"，"人"可以成为终端，推动人体数据化变得更为常态。在未来，每个人不仅仅是政务服务的需求者，也会变成服务的提供者和信息的传播者。

在泛在化阶段，人类将进入一个"人机物"新生态，将使"人机物"形成共生的关系。场景泛在化会成为未来社会的一个突出特征，人类应从元宇宙时代的全新视角去重新理解和定位政务服务。服务将无时不在、无处不在，服务泛在化将促进全社会跨行业的全面融合。

万物皆为媒，场景泛在化，这不仅是科技发展推动社会进步带来的客观变化，也是政务服务演进的必然方向。

第五章

# 政务元宇宙数据融合与治理

▷ 人和数字人、组织、物件、空间环境、事件等内容维度，与原生、孪生和融生等来源维度，构成了政务元宇宙核心数据资源的分类矩阵。

▷ 政务元宇宙数据治理的关键环节是建立数据注册确权、数据目录定位和数据授权使用的架构体系。

▷ 数据元件是元宇宙数据治理、流通、应用的关键组件，将在政务元宇宙建设过程中发挥基础性作用。

数据融合与治理作为政务元宇宙五个核心要素之一，承担着对虚实空间与场景、交互与数字人、政务业务与应用、新型设施与装备的数据支撑功能，是政务元宇宙的资源要素。其架构是在数字政府现有数据架构之上的演进与拓展。

本章聚焦政务元宇宙的数据流转与应用实际，结合数字政府架构，从数据资源内容、数据治理关键环节、突出问题与解决思路三个方面对政务元宇宙数据融合与治理的相关内容进行系统解析，实现数据赋能。

## 第一节　政务元宇宙的数据资源内容

在政务元宇宙中，一切所见皆为数据，空间场景、行动主体、交互活动、运行状态和交互结果等，都是数字形态的，都属于数据。

从数据来源上看，政务元宇宙中的数据资源包括三种：一是政府在现实环境中开展政务工作所采集和产生的数据资源，以及现实政务工作过程的记录数据，通过现实场景数据向虚拟场景中的全面接入，实现现实世界在虚拟世界中的映射；二是政府在元宇宙环境中履行政府职能、开展政务工作、实施政府治理所产生的数据资源，是政务元宇宙环境中的原生数据；三是虚拟世界通过向现实世界反馈，与现实政务场景融合后形成的数据资源，是从虚向实和从实向虚的叠加产物。

从数据内容上看，政务元宇宙的数据资源涉及提供管理和服务或接受管理和服务的各个主体。一方面，数据资源要将传统数字政府体系中的人口、法人、自然资源和空间地理、宏观经济等基础数据资源管理模式，从现实世界向虚拟世界进行扩展，形成政务元宇宙的数字人、组织机构、空间环境、经济运行基础库，作为政务元宇宙运行的公共数据基础。另一方面，数据资源要与元宇宙中的政务业务与应用进行深度对接，完善医疗健康、政务服务、社会保障、生态环保、信用体系、安全生产等主题库和专题库，为政务元宇宙中相关业务开展提供数据支撑。

因此，政务元宇宙的数据资源内容就呈现出虚实交融、融合交叠的整体形态。结合元宇宙的核心特征和基本要素，我们可以从两个维度对政务元宇宙的数据资源内容进行整体性描述。

第一个维度是从数据产生的来源上。政务元宇宙的数据资源分为孪生数据、原生数据和融生数据三种类型。其中，孪生数据来自现实环境，是现实环境中政务活动相关数据在元宇宙中的映射。原生数据是虚拟环境中直接产生的数据，在现实空间中并没有对应的政务活动相关主体或事件。融生数据是现实环境和虚拟环境关联、叠加所产生的数据，来自横跨虚拟和现实的政务活动主体或事件。

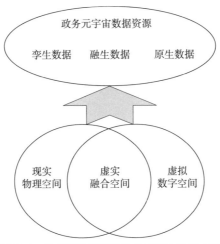

图 5-1 从来源维度划分政务元宇宙数据内容

第二个维度是从数据内容上。政务元宇宙的数据资源包括人和数字人数据、组织数据、物件数据、空间环境数据、事件数据等方面。这一维度的划分借鉴了传统现实世界的人、地、事、物、组织等要素的分类方式，将描述现实世界的方式引入到政务元宇宙环境中。其中，人和数字人数据既包括现实世界中的人口数据，也包括元宇宙场景下的虚拟人、数字人等主体的数据；组织数据既包括现实环境中法人、社会团体等组织机构在元宇宙中的映射数据，也包括虚拟环境中所设立的组织机构的相关数据；物件数据既包括现实环境中机动车、房产、特种设备等物件在元宇宙中的映射数据，也包括虚拟环境中创造的物件数据；空间环境数据既包括现实世界的空间地理、自然环境、动植物等在元宇宙中的映射数据，也包括对元宇宙虚拟环境的描述数据；事件数据同样既包括现实世界中的政务活动数据，也包括对虚拟环境和虚实融合环境下政务活动的各种记录数据。

这两个维度相互交叉，共同构成了政务元宇宙的核心数据资源内容。

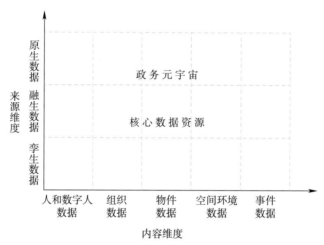

图 5-2　政务元宇宙的数据资源类型

## 第二节　政务元宇宙的数据治理关键环节

数据治理是政务元宇宙的数据架构中不可或缺的环节。从数据治理的普遍性要求来看，政务元宇宙中的数据治理不是针对单一组织、单一维度的数据管理，而是结合政务元宇宙业务场景需求，将多方数据汇集后，进行统筹规划和管理的系统工程。因此，在政务元宇宙环境中，传统意义上的数据治理模式依然适用，但同时也存在一些不同于当前数据治理模式的关键环节。

### 一、普遍性的数据关联体系

在无限的宇宙中，联系不是个别事物之间暂时的、特殊的关系，而是一切事物、现象和过程所共有的客观的、普遍的本性，任何事物都不能孤立地存在，都同其他事物发生着联系。在元宇宙中同样遵循这一规律，任何进入元宇宙中的事物、发生的事件等，都会和其他事物、活动产生关联。而元宇宙中一切皆为数据。因此厘清数据之间的联系，基于政务元宇宙数据内容的特点，构建形成普遍性的数据关联体系，就成为政务元宇宙数据治理工作的关键环节。

从基本概念上讲，数据是对客观事物、活动等的记录。在政务元宇宙中，数据可能是对现实世界的记录，也可能是对虚拟世界的记录，还可能是对现实世界和虚拟世界融合情形的记录。

数据作为记录，必然包括时间、空间（现实空间和虚拟空间都算）两个要素，同时至少包括"人机物"三个主体属性之一。例如，张三，1990年4月25日，出生于北京市西城区；车牌号为京XXXXXX的车辆，2020年4月20日上午10点35分，从北京市海淀区清华园东南门驶入学校。这些均为记录下来的数据。

我们可以基于这一逻辑构建政务元宇宙中的数据关联。每一个政务活动（事件数据），必然包括发生的时间、地点（空间环境数据），以及实施活动的相关主体和对象（人和数字人数据、组织数据、物件数据）；每一个人和数字人，必然有着具体的特征（人和数字人数据），有着工作单位或从属的组织（组织数据），有属于他的房产、车辆（物件数据），有办理过的政务事项（事件数据）。这些数据间的联系就构成了政务元宇宙运行的基础。

现实世界的运行是基于实际存在的"人机物"等，数据是对这些存在的描述，数据内容是否完整、数据关系是否清晰并不会影响现实世界的运转。但元宇宙的运行本身就基于数据，数据内容或数据间的关联关系不完整，就会对元宇宙的运转造成影响。因此，政务元宇宙数据治理的一个关键环节就是构建形成普遍性的政务数据关联体系，建立形成完整的政务活动事件、主体之间的关联关系，从而保障政务元宇宙的稳定、高效运转。

## 二、全局性的数据调用框架

从数据的存在和汇聚形态上看,政务元宇宙中数据物理集中和逻辑集中的边界将更加模糊。随着元宇宙相关技术的发展与成熟,数据将以更加灵活、高效的方式在政务元宇宙中进行流转,各设备、各业务、各场景、各主体都将同时成为数据的提供者、使用者和存储者,将逐步替代以业务为中心的数据集中化汇聚管理模式。再加上元宇宙场景中数据无处不在的特性,除了常规性的数据治理工作外,我们必须考虑到更加广泛的数据应用需求和场景。这些都对数据的交互和调用提出了更高的要求,需要构筑一套能够支撑政务元宇宙数据高效查找、获取、使用的全局性数据调用框架。

针对上述特性和需求,我们参照互联网治理领域的 IP 地址管理、域名管理等成熟的分散化资源管理模式,按照注册确权、目录定位、授权使用三个核心环节构建形成政务元宇宙的全局性数据调用框架。

### 1. 数据注册确权

元宇宙的所有内容都可以认为是由数据组成的,因此在政务元宇宙环境中可以自然地实现所有数据和其产生、提供主体的关联。所有数据在进入政务元宇宙的同时,均自动记录对数据内容的描述,完成在数据目录中的注册,并运用区块链等技术手段,实现对数据内容的确权和利益分配。

## 2. 数据目录定位

在全面注册确权的基础上，构建政务元宇宙的目录体系，实现对数据的全量化目录管理。以政务元宇宙的建设发展为契机，破解原有政务数据底数不清、来源不清等问题，全面摸清政务数据资源底数，形成覆盖全国各级各领域的一体化政务数据目录，实现政务元宇宙数据资源"一本账"，支撑现实环境和虚拟环境中跨层级、跨地域、跨系统、跨部门、跨业务的数据有序流通和共享。同时，从"定机构""定职能""定编制"扩展到"定数据"的"四定"模式将更加成熟，"定数据"将成为元宇宙中各政务相关主体和机构建立及运行时的基本动作。

## 3. 数据授权使用

在政务元宇宙数据流通使用的过程中，首先通过数据目录自动定位所需数据的位置，然后根据数据主体和数据管理部门所设定的数据使用条件判定是否可以使用数据，如果可以使用数据，则给予使用者相应的授权，实现数据的调用。授权使用的整个过程通过结合智能合约等技术手段，可以实现自动高效运转。

## 三、元件化的数据流通模式

政务数据的流通交互一般包括原数据交换、脱敏数据交换、接口查询核验等不同形式。政务元宇宙中数据的流通交互更加频繁，数量也更大，需要充分考虑政务工作的敏感性和安全性要求。

因此，我们认为数据元件将成为政务元宇宙中数据流转应用的一种关键组件。

数据元件类似于电子元件，是基于原始数据再次脱敏加工而成，通过标准化数据治理流程工序，形成基于通用需求的标准数据元件，亦可形成满足不同应用需求的定制数据元件。其核心理念是面向数据治理中应用和安全的矛盾，打造连接数据供需两端的"中间态"——数据元件，实现原始数据与数据应用"解耦"，保证不能从数据产品中可逆向获取到原始数据，破解安全与流通矛盾难题。

数据元件通过对原始数据资源进行治理和加工，形成标准化的数据初级产品，实现数据到信息的转换并降低了原始数据的隐私安全风险，兼具价值属性和安全属性。安全属性主要体现为风险隔离、安全审查和精准监管。价值属性主要体现为可析权、可计量、可定价。同时，围绕数据归集到数据元件流通交易全流程，构建数据要素标准体系，为数据元件的描述、设计开发、分类分级、安全合规、流通交易等提供有效支撑和保障。基于数据元件从制度、技术和市场方面进行三位一体的体系化探索和系统性创新，建立权威高效的组织制度体系，保障数据治理工作有序开展；建立自主可控的先进技术体系，夯实数据安全和数据要素的技术支撑。

# 第三节　政务元宇宙数据治理的突出问题与解决思路

数据共享交互和运营服务是困扰传统政务数据治理工作的核心问题。在政务元宇宙场景下，新的理念方法和技术手段的引入，将推动这些问题逐步得到解决，实现政务数据效能的显著提升。

## 一、数据共享与交互

如何加强政务工作中的数据共享与业务交互，是长期制约政务履职效率的关键问题。2015年，国家发布《促进大数据发展行动纲要》，提出到2017年底前，明确各部门数据共享的范围边界和使用方式，跨部门数据资源共享共用格局基本形成。到2018年，中央政府层面实现数据统一共享交换平台的全覆盖，实现金税、金关、金财、金审、金盾、金宏、金保、金土、金农、金水、金质等信息系统通过统一平台进行数据共享和交换。2018年底前，建成国家政务数据统一开放平台。2020年底前，逐步实现信用、交通、医疗、卫生、就业、社保、地理、文化、教育、科技、资源、农业、环境、安监、金融、质量、统计、气象、海洋、企业登记监管等民生保障服务相关领域的政务数据集向社会开放。

2021年，在"十四五"开局之年，《中华人民共和国国民经济和社会发展第十四个五年规划和2035年远景目标纲要》中又进一步提到，"加强公共数据开放共享。具体包括建立健全国家公共数据资源体系，确保公共数据安全，推进数据跨部门、跨层级、跨地区汇聚融合和深度利用。健全数据资源目录和责任清单制度，提升国家数据共享交换平台功能，深化国家人口、法人、空间地理等基础信息资源共享利用。扩大基础公共信息数据安全有序开放，探索将公共数据服务纳入公共服务体系，构建统一的国家公共数据开放平台和开发利用端口，优先推动企业登记监管、卫生、交通、气象等高价值数据集向社会开放。开展政务数据授权运营试点，鼓励第三方深化对公共数据的挖掘利用。"

从上述部署中可以明显看到，数据的共享问题还未得到彻底解决。从过程上看，数据共享与交互不仅是一个动态持续的过程，而且是多维数据的汇总。从共享交互的内容上看，数据共享与交互不仅包括政务数据自身，还包括与社会数据、互联网数据的交互融合。在政务元宇宙的建设发展过程中，人们同样需要突破部门界限和体制障碍，完善数据共享交换的渠道和平台，扩展政务数据共享交换的范围和深度，扩大与社会数据的融合分析场景，并通过政企合作、众包数据采集等方式，充分发动政府、企业、社会公众等多方力量，深化数据的交互与联通，为数据价值的挖掘和发挥奠定基础。

从实现方式上看，政务元宇宙需要构建完善统一的数据共享交换体系。在原有数字政府数据共享交换能力的基础上，基于政务元宇宙的全局性数据调用框架，整合建设政务元宇宙数据共享交互系统，统一受理政务组织、数字人等主体间的数据共享申请并提供服务，形成覆盖各领域各层级的元宇宙一体化政务数据共享交换体系，高效满足各场景各业务间的数据共享需求。政务元宇宙中的各政务组织应按需建设政务数据实时交换系统，支持海量数据高速传输，实现元宇宙政务场景中数据的实时共享，形成安全稳定、运行高效的数据资源供应链。

从交互逻辑上看，政务元宇宙要进一步明确各主体的数据权责。我们可以将数据权责分为采集定义权、核验使用权和共享管理权。采集定义权是指采集、存储、掌握元宇宙中某项政务数据的权力，负责对数据内容进行定义和解释，承担数据的收集、整理、维护、更新等工作，对数据资源的内容负责，并可以根据自身需要在职能范围内使用、支配数据资源。核验使用权是指针对元宇宙中的某一具体政务数据，享有进行数据核验服务或直接获取数据进行使用的权力。在核验、使用数据的过程中，要对数据安全、隐私保护等要求负责，承担相应的责任。共享管理权是指制定元宇宙政务数据采集、存储、共享、应用等各环节的规则，并对政务数据治理全过程进行监督管理、协调解决相关问题的权力和责任。

同时，政务元宇宙中的数据交互和联动同样不是毫无限制、毫无条件的。在实际过程中我们可以采用可用不可见、可用可见不可存、可用可见可存不可他用、可用可见可存可他用等方式进行处理，在共享交互的操作中可以根据具体的政务业务与应用场景进行选择。

## 二、数据运营与服务

政务元宇宙场景对数据资源的需求无处不在，既有对基础数据的共性服务需求，也有面向不同领域、不同场景的个性化服务需求。政务元宇宙将结合不同的需求类型和场景，全面提升数据基础服务能力、创新应用能力和运营服务水平。

政务元宇宙需要面向共性数据需求，加强数据基础服务能力建设；建设政务元宇宙大数据处理分析系统，增强数据运算、分域分级用户管理和数据沙箱模型开发等能力，为现实世界和虚拟世界中多元、异构、海量数据融合应用创新提供技术支撑；充分运用大数据、人工智能等技术手段，构建集成自然语音处理、视频图像解析、语言智能问答、多语言机器翻译、数据挖掘分析、数据可视化、数据开放授权、数据融合计算等功能的通用算法模型和控件库，在政务元宇宙中提供标准化、智能化的数据服务；建设标准统一的政务元宇宙区块链服务体系，推动"元宇宙＋区块链＋政务服务""元宇宙＋区块链＋社会治理"等场景应用创新，完善元宇宙环境中数据供给的可信安全保障机制，保障政务数据安全合规地共享、开放和应用。

政务元宇宙需要面向重点业务场景，提升数据创新应用能力，聚焦城市治理、环境保护、交通出行、食品安全、金融服务等政务元宇宙的重点应用场景，按照"一应用一数仓"的要求，推动政务元宇宙中的多方主体逐步建立政务数据仓，为行业和多跨场景应用提供多样化共享服务；依托元宇宙环境中高性能、高可用的大数据分析和共享能力，整合经济运行数据，建立经济运行监测分析系统，即时分析预测经济运行趋势，进一步提升经济运行研判和辅助决策的系统性、精准性、科学性，促进经济持续健康发展；基于元宇宙的模拟仿真场景，融合集成基层治理数据，建立基层治理运行分析和预警监测模型，通过大数据分析，动态感知、模拟基层治理状态趋势，预警监测、防范化解各类重大风险，切实提升社会治理水平；在现实世界和虚拟世界融合共生的基础上，汇聚城市人流、物流、信息流等多源数据，建立城市运行生命体征指标，基于大数据的深度学习模型，实现对城市运行状态的整体感知、全局分析和智能处置，提升城市治理"一网统管"水平；同时，围绕产业发展、市场监管、社会救助、公共卫生、应急处置等领域，推动开展政务大数据综合分析应用，为政府精准施策和科学指挥提供数据支撑。

政务元宇宙将持续推进政务数据资源的开发利用；在政务元宇宙环境中建设政务数据开放体系，通过各级各类政务主体的数据开放平台，推动数据安全有序开放；探索利用身份认证授权、数据沙箱、安全多方计算等新型技术手段，实现数据"可用不可见"或实施数据定向开放，逐步建立数据开放创新机制；建立健全政务元宇宙中的数据开放申请审批制度，加大政务数据开放应用创新力度。各级各类政务主体应当根据政务元宇宙的运转实际，制定完善政务数据开放清单，优先推动与民生紧密相关、社会迫切需要、行业增值潜力显著的政务数据开放；重点推进普惠金融、医疗保险、交通出行等行业应用，建立政务元宇宙数据开放优秀应用绩效评估机制，推动优秀应用项目落地孵化，形成示范效应；鼓励各地区各部门开展政务数据资源开发利用授权运营，促进政务数据与社会数据深度融合利用，构建有效供给、有序开发利用的良好生态。

第六章

**政务元宇宙新型设施与装备**

▷ 新型基础设施与装备是政务元宇宙的技术要素，政务元宇宙的发展必将带动新型基础设施建设和装备普及。

▷ 政务元宇宙的交互技术与装备包括数字人技术、AR设备、VR设备、MR设备、脑机接口等。

▷ 政务元宇宙的关键技术主要包括渲染引擎、AIoT、数字孪生、知识图谱与政务大脑等。

新型设施与装备是政务元宇宙的技术要素,涵盖数字人技术、虚拟现实、AIoT、数字孪生、人工智能、知识图谱、三维建模、渲染引擎、云计算、5G、数据中心等多个层次多种技术。

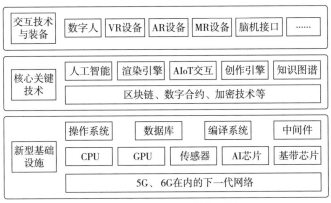

图 6-1 政务元宇宙技术架构

政务元宇宙的技术架构,以当前信息技术架构为基础,以人工智能、物联网、数字孪生、三维建模、渲染引擎、虚拟现实等关键技术持续进步为依托,不断发展演变。政府可以利用元宇宙虚实融合的特性,在原有数字城市、智慧城市的建设基础上,结合这些关键技术,以数字人为统一入口,为公众提供各类政务与公共服务,使公众足不出户就可以享受到政务信息咨询、政务事项办理、远程医疗问诊等服务。

政务元宇宙的技术体系包括交互技术与装备、核心关键技术、新型基础设施等。其中，交互技术与装备包括数字人技术、AR 设备、VR 设备、MR 设备、脑机接口等。核心关键技术包括支撑政务元宇宙的一些核心技术和认证机制，如数字孪生、渲染引擎、AIoT、区块链、智能合约等。新型基础设施包括 5G、6G 在内的下一代网络、CPU/GPU、AI 芯片、基带芯片及各类传感器相关的硬件层，以及与操作系统、数据库、编译系统和各类中间件相关的基础软件层。

# 第一节　元宇宙交互技术与装备

元宇宙中的交互技术与装备主要包括数字人技术、AR 设备、VR 设备、MR 设备、脑机接口等，本节主要对前四种技术与装备进行介绍。

## 一、数字人技术

数字人精致的面容、流畅的表达、优美的体态，离不开语音识别、语音合成、自然语言理解、动作捕捉、表情生成、唇动拟合等丰富的技术进行驱动加以支撑。

基于内容的数字人形象驱动是元宇宙中的关键技术，其中的典型技术是基于语音驱动的高写实三维人脸动画生成技术。该技术根据生成或输入的语音，结合给定的高写实三维人脸几何模型，通过深度学习算法寻找语音与人脸几何模型之间的联系，以找到通过输入语音数据来操纵人脸几何模型的运动，进而自动生成高写实人脸动态表情，达到音唇同步的效果。该技术能够考虑语音中的重音、情感等因素，生成比传统动画制作方式更加生动逼真的动画。这将大大优化元宇宙中数字人的显示和交互效果，数字人的形象表现将更加生动，提升政务元宇宙中虚拟会议、政务交互、办事引导等以人机交互为核心功能的用户体验。

另一类数字人形象驱动是动作捕捉，动作捕捉是通过惯性或光学方式记录并处理用户的动作，生成对应的数字人动作动画的过程，主要用于进行用户化身数字人的驱动。身体捕捉、手部捕捉、面部捕捉这三个方向的动作捕捉技术近些年均取得了长足发展，尤其是基于计算机视觉的光学式非标定动作捕捉系统，其精度不断提升，成本不断降低，为动作捕捉应用的普及提供了技术基础。

## 二、VR 设备

VR 设备是利用一个封闭的头戴式设备（如分体式头显、一体式头显），模拟并产生一个虚拟世界，为用户提供视觉、听觉等感官的模拟，制造"沉浸感"与"临场感"。

目前，一体机 VR 因其无须外接主机、携带性强等特点成为 VR 设备的主流形态。随着芯片、算法、传感器等技术的快速发展，一体机 VR 的沉浸感、交互体验显著改善，便携性显著提升，出货量持续增长。

|  | 手机盒子 VR | PC/ 主机 VR | 一体机 VR |
| --- | --- | --- | --- |
| 定位 | 手机 | PC/ 主机 / 基站 | VR 设备 / 基站 |
| 算力 | 手机 | PC/ 主机 | VR 设备 |
| 续航 | 手机 | PC/ 主机 | VR 设备 |
| 屏幕 | 手机 | VR 设备 | VR 设备 |
| 透镜 | VR 设备 | VR 设备 | VR 设备 |
| 舒适性 | 较好 | 较差 | 一般 |
| 沉浸感 | 较差 | 较好 | 较好 |
| 交互性 | 较差 | 较好 | 较好 |
| 价格 | 几百元 | 几千元 | 几千元 |
| 主要应用 | 观影 | 游戏、观影 | 游戏、观影、社交、健身等 |

图 6-2　VR 设备分类及对比

资料来源：中信证券研究部

## 三、AR 设备

AR 设备广泛运用了多媒体、三维建模、实时跟踪及配准、智能交互、传感等多种技术手段，将计算机生成的文字、图像、三维模型、音乐、视频等虚拟信息投射叠加到真实世界中，实现对真实世界的"增强"。AR 设备分为佩戴类设备（如 AR 眼镜）和非佩戴类设备（如有镜头的手机和平板电脑）。

2012 年，谷歌推出了第一款 AR 眼镜 Google Glass。它具有和智能手机一样的功能，可以通过声音控制拍照、视频通话和辨明方向，以及上网冲浪、处理文字信息和电子邮件等。随后陆续出现了第一款风靡全球的 AR 手游——Niantic Labs 公司负责开发和运营的《精灵宝可梦 Go》(*Pokémon GO*)，第一个最大的 AR 开发平台——苹果公司推出的 AR 开发平台 ARKit，微软公司发布的增强现实设备 HoloLens 的新一代产品——HoloLens 2，能够为用户带来更加生动、逼真、沉浸感更强的 AR 体验。

随着人们对元宇宙概念的关注度持续升温，AR 眼镜作为元宇宙沉浸体验的入口，及下一代移动智能终端，将为人们开启前所未有的生活。

## 四、MR 设备

MR 设备是指真实世界和虚拟世界融合后产生的新的可视化环境，在该环境下真实实体和数据实体共存并实时交互。

MR 设备在 AR 设备的基础之上更进一步，可实现虚拟对象与现实世界的实时交互，目前多应用于医疗辅助、3D 模型设计、上岗培训、工业维修辅助等。

综上所述，VR 设备能让人完全沉浸在虚拟环境中；AR 设备能创建一个叠加了虚拟内容的世界，但不能实现与真实环境交互；MR 设备则是融合了虚拟现实和增强现实，创造出一个虚实结合、虚实交互的可视化世界。

| | 虚拟现实（VR） | 增强现实（AR） | 混合现实（MR） |
|---|---|---|---|
| 环境 | 基于虚拟世界 | 基于物理世界 | 物理+虚拟世界 |
| 主要特点 | 100%完全虚拟场景 | 在现实场景中叠加虚拟对象，现实为主，虚拟为辅 | 在 AR 基础之上，虚拟对象可与现实世界进行交互 |
| 效果悉知 | 逼真 | 失真 | 逼真 |
| 意识 | 可意识到身处虚拟环境中 | 可明显区分出真实场景与虚拟场景 | 理想状态下，无法辨别真实场景与虚拟场景 |
| 主要受众 | C 端 | C 端 | B 端 |
| 应用场景 | 社交、娱乐、会议、教育等 | 信息提示、社交、娱乐、观赏、3D 模型设计等 | 医疗辅助、3D 模型设计、上岗培训、工业维修辅助等 |

图 6-3　VR/AR/MR 设备对比

资料来源：映维网，国泰君安证券研究

政务元宇宙

# 第二节　政务元宇宙的关键技术

对于使用者而言,政务元宇宙的应用场景繁多、展现形式多样,需要一个庞大的技术支撑体系和持续的运营体系作为保障,即需要整合人工智能、大数据、区块链、知识图谱、数字孪生、AIoT、3D建模、渲染引擎、虚拟现实等多种关键技术。本节对其中五种技术进行介绍。

## 一、渲染引擎技术

渲染引擎指的是将虚拟的三维模型真实、生动、形象、及时地呈现至用户眼前的技术。实时渲染是计算机图形学中对交互性要求最高的领域。在元宇宙的交互中,系统渲染的图像呈现给用户,用户根据所见的图像进行交互反馈,这个反馈进而会影响接下来呈现的图像。只有这种反馈和渲染循环的速度足够快,用户才能获得沉浸式的体验。

目前,市场上最主流的实时渲染引擎有 Unity 3D 和 Unreal Engine,均为国外渲染引擎,国产化实时云渲染引擎所占份额较低。构建一套符合信息技术应用创新生态的渲染引擎,对于保障政务元宇宙的构建至关重要。

## 二、AIoT 技术

"AIoT"即"AI+IoT",指的是人工智能技术与物联网在实际业务场景中的融合应用。AIoT是各传统行业智能化升级的最佳通道,已经成为物联网发展的主流趋势。

利用 AIoT 技术实现元宇宙的智能物联可能会经历三个阶段:单机智能、互联智能、主动智能。图 6-4 为 AIoT 技术架构。

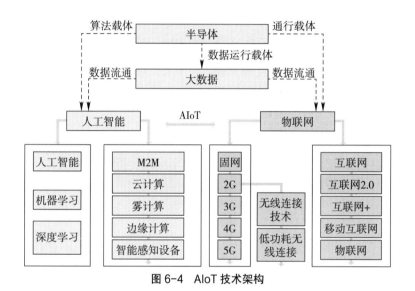

图 6-4　AIoT 技术架构

资料来源:亿欧网,国盛证券研究所

AIoT 技术可以有效解决政务元宇宙中各智能化系统所需的感知、分析、反馈三大问题。首先利用物联网设备进行数据获取感知,再利用人工智能技术对海量异构化数据进行分析和处理,最后利用各类交互设备分析处理结果及指令的提示反馈。

## 三、数字孪生技术

数字孪生技术与 AIoT 技术有一定的相关性，都包含感知、分析、反馈等过程，但二者在各环节的侧重点上有所差异。数字孪生是通过各种感知技术，对物理空间中的对象进行精确的数字化描述，形成其数字孪生体，再利用数字空间中的知识图谱、人工智能、仿真推演等技术，对该数字孪生体进行分析、诊断和预测，进而形成针对物理空间原始对象的行动决策和执行计划。数字孪生的核心是"孪生"，即数字孪生体相对于物理对象的物理级精确，包括各类属性的高度保真和各类活动的实时同步。

数字孪生可以用于开展在物理世界中执行成本较高或风险、危害较大的各类实验。数字孪生在工业领域已有多种成熟应用，如各类工业设计、生产流程的多方案评估和优化。在政务元宇宙中，数字孪生可以在城市、乡村的建设和管理过程中发挥重要作用。例如，在数字孪生空间对城市规划进行多套方案模拟，优选出对城市可持续发展最有利的方案，可以提高规划的科学合理性；在数字孪生空间对地区的空气污染演化趋势进行模拟仿真和治理方案评估，选择经济可行的污染治理方案，实现经济发展和环境保护的平衡发展；在数字孪生空间对交通系统的人、车、路、场、站等进行全场景要素构建，实现对交通系统运行状态的全景实施监控，并根据交通运输、节假日安排、重大活动场所分布等模型与变量预测交通系统的负载变化情况，制定相应的交通保障预案。

## 四、人工智能技术与内容审查

在政务元宇宙中,平台内容的爆发会随之产生大量不良信息或错误信息,在虚拟政务大厅的运转中也面临着大量文件审核工作,因此,内容审查将成为政务元宇宙治理的重要内容。

传统的内容审查针对文本、图片、视频,采用词库过滤、文本分类、序列标注、目标检测、图像分类、人工审核等方式开展。元宇宙中内容类型的丰富和内容数量的增长将给传统的内容审查工作带来巨大挑战。基于人工智能技术,政务元宇宙将从针对一维的文字声音、二维的图像视频的内容审查,拓展到针对元宇宙三维内容的审查,高质量地完成对暴恐、色情、广告等不良内容审查工作,助力构建清朗的元宇宙生态。

## 五、知识图谱技术与政务大脑

在政务元宇宙中,人们与数字人交流的目的是获得高效率的政务服务。除了在形象上的高度拟人之外,要想使数字人的服务能力接近人甚至超越人,更重要的是靠数字人"大脑"能力的持续进步和完善。数字人只有拥有高度拟人化的"大脑",才能真正为用户提供优质的服务,给用户带来亲切感、关怀感与沉浸感。

通过建立政务知识库和知识图谱构建政府数字人大脑的核心,提升数字人交互问答与业务处理能力,以支撑智能问答、业务办理等强业务属性的应用。

智能问答技术能够为数字人添加更好的通用式互动能力。智能问答通常会涉及问题推荐、意图理解、问题解决等多个环节，智能问答的效果依赖于领域知识图谱的建立和深度学习模型的设计。

知识图谱对于政务元宇宙尤为重要。知识图谱在逻辑结构上可分为数据层与模式层两个层次，数据层主要是由一系列事实组成，而知识以事实为单位进行存储。模式层构建在数据层之上，主要是通过本体库来规范数据层的一系列事实表达。大规模知识库的构建与应用需要多种智能信息处理技术的支持，包括知识抽取、知识表达、知识融合、知识推理等方面。知识更新是知识图谱建设的一个重要的环节。人类的认知能力、知识储备以及业务需求都会随时间而不断增加或者改变。因此，知识图谱需要与时俱进地运营，扩展现有知识，增加新鲜知识，淘汰陈旧知识。

## 第三节　政务元宇宙的新型基础设施

政务元宇宙的新型基础设施包括网络层、硬件层、基础软件层，以及安全与标准体系。

### 一、网络层

低时延、高带宽、稳定、安全的下一代网络是政务元宇宙的基础支撑。政务元宇宙的不同应用场景对三维显示交互、虚实融合及虚实互动的需求，以及对网络的低时延、确定性、稳定性、安全性等方面提出了更高要求。例如，用户通过 VR 终端接入时，一般要求动作至显示（Motion to Photon，简称为 MTP）时延应不大于 20 毫秒，否则会引起晕动症，这种超低时延需求是当前互联网所无法满足的。所以，支撑政务元宇宙应用的必然是下一代高速网络，只有建立在坚实的网络基础设施之上，虚拟现实、增强现实、混合现实等政务元宇宙的应用场景才能高质量实现。

### 二、硬件层

政务元宇宙中大量用户同时在线活动、三维展现，对计算机算力提出了更高的要求。在硬件层次，提供算力的核心主要是芯片技术，包括 CPU、GPU、传感器芯片、基带芯片、人工智能芯片等。目前，这些芯片的处理速度已经可以支撑部分元宇宙应用，但无法满足未来更加广泛的元宇宙应用中的计算需求。

为满足政务元宇宙对超强算力的需求，现有的 CPU、GPU、传感器芯片、基带芯片、人工智能芯片等专业化的芯片需要持续升级，实现算力在数量级上的进步。

## 三、基础软件层

基础软件层包括操作系统、数据库、编译系统和各类相关的中间件，来操作和管理硬件与各类软件资源。新型硬件的出现以及政务元宇宙应用的深入，将从上下两个方向为操作系统、编译器、数据库系统和中间件带来升级换代的历史契机。

## 四、安全与标准体系

2017 年，《中华人民共和国网络安全法》出台；2021 年，《中华人民共和国个人信息保护法》和《中华人民共和国数据安全法》出台，三者共同构成了中国在网络空间管理关于安全和数据保护方面的"三驾马车"，作为个人信息和数据保护领域的重要参考依据。

政务元宇宙涉及的个人和企业信息种类繁多，如何保障用户信息安全是亟待解决的问题。同时，政务元宇宙还涉及大量的服务事项、机构，需要参与的相关方相互配合，在技术上达成一致的协议，按照约定的事项标准、交互标准进行分工合作。标准体系的建设是维持元宇宙有效运行的必要措施。

鉴于目前中国元宇宙的迅猛发展，开普云、中关村大数据联盟等机构，正在积极参与编制政务元宇宙业务安全与风险管理体系标准，进一步丰富和完善网络空间安全和管理系统。

# 第七章

# 政务元宇宙业务与应用

▷ 政府职能、履职方式和政务元宇宙形态三个维度，共同构成了政务元宇宙的业务与应用体系。

▷ 政务元宇宙将助力政府实现更高效协同的运行，更科学合理的决策，更便捷高效的服务，以及更精准智慧的监管。

▷ 政务服务、社会治理、监测监管是当前政务元宇宙优先探索与应用的重要场景。

业务体系是政务元宇宙的内容要素,建立在现实世界政府运行规则基础之上,既包括元宇宙环境下的政府业务模式创新,也包括元宇宙相关技术在政府业务中的应用。本章从政府职能、履职方式和政务元宇宙形态三个维度,提出了政务元宇宙的业务体系与应用框架,并就政务元宇宙在经济调节、市场监管、社会管理、公共服务和生态环境保护等职能领域,以及在政务服务、监督管理和社会治理等场景中的应用进行了初步展望。

# 第一节　政务元宇宙的业务体系

## 一、政务元宇宙的业务体系与应用框架

政务元宇宙建立在现实政务的基础上,是现实政务与虚拟空间的相互映射、融合和动态交互。现实中政府的基本职能和履职活动是政务元宇宙业务的基础和前提。政务元宇宙的虚拟现实、人机协同、数字孪生等技术,在创新政府决策、管理和服务模式,提升政府履职能力等方面具有显著优势,可广泛应用于政府职能领域和履职过程。综合来看,政府职能、履职方式和政务元宇宙

形态三个维度，共同构成了政务元宇宙的业务体系与应用框架。

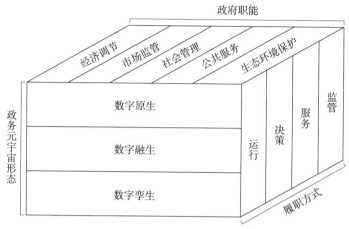

图 7-1　政务元宇宙的业务体系与应用框架

其中，政府职能是指政府依法对政治、经济和社会公共事务进行管理时应承担的职责和所具有的功能，是政府角色定位的集中体现。改革开放以来，我国不断探索和完善社会主义市场经济体制条件下的政府职能定位，明确了市场经济条件下政府的职能范围。十六大对政府基本职能明确界定为："经济调节、市场监管、社会管理、公共服务"。十八大以来，我国提出了经济建设、政治建设、文化建设、社会建设、生态文明建设"五位一体"的总体布局，提出了经济持续健康发展、人民民主不断扩大、文化软实力显著增强、人民生活水平全面提高、资源节约型和环境友好型社会建设取得重大进展的具体部署，进一步明确了政府的职能定位，经济调节、市场监管、社会管理、公共服务和生态环境保护成为政府的基本职能。在后续相当长一段时期内，国家都把进一步转变政府职能确定为重要的改革和发展目标，提出了明确的改革方向。

在履职方式方面，尽管不同政务领域和部门的职能和业务有所不同，但履职方式主要涵盖运行、决策、服务和监管等，这些方式和手段广泛存在于政府各职能履行过程中。长期以来，我国各级政府不断利用信息技术提高履职能力，实现更高效协同的运行，更科学合理的决策，更便捷普惠的服务，以及更精准智慧的监管。

根据前文所述，政务元宇宙主要包括三种形态：一是"数字孪生"，将现实政务复制到虚拟空间，如城市规划展厅、VR服务大厅等；二是"数字原生"，即虚拟空间产生的新的活动，如虚拟数字人交互、商务往来和虚拟交易等；三是"数字融生"，即现实政务和虚拟空间实现高度融合和无缝联动，两者实现高度同步、联动和融合。

## 二、政务元宇宙在政府职能中的广泛应用

政务元宇宙既包括元宇宙环境下的政务模式和政务服务形态的创新，也包括元宇宙相关技术在政府治理中的应用，可广泛应用于经济调节、市场监管、社会管理、公共服务、生态环境保护等职能领域。特别是随着当前政府"数字化"转型的日益成熟和未来"智慧化"的逐步深入，各级政府及部门的业务、数据和技术实现高度融合，各层级、各地区、各系统、各部门和各业务之间实现高度协同，都为政务元宇宙在政府履职中的广泛应用奠定了坚实的基础。

在经济调节中，各级政府和部门可以利用政务元宇宙强化对经济运行的监测、预测和预警，建立经济运行风险识别预警感知

防范化解机制,进行经济政策的模拟、仿真和推演等,提高经济调节水平。

在市场监管中,各级政府和部门可以利用政务元宇宙整合虚实结合的监管数据,建立大数据综合分析模型,通过对重点领域风险监测数据和投诉举报数据等比对分析,进行风险监测、风险研判、预测预警以及信用评价等,提高监管的即时性、灵敏度和准确性,并可以通过政务元宇宙实现一处发现、多方联动、协同监管,形成跨层级、跨部门、跨区域的联合监管机制,从而实现"更规范、更精准、更智能"的执法监管。

在社会管理中,各级政府和部门可以通过3D建模、模拟仿真等技术,整合城市地上地下市政设施数据和运行数据,在政务元宇宙中实现城市运行的数字化和虚拟化,在此基础上实现城市运行的全面感知和动态治理,推进整体性、协同性、精准性社会治理。

在公共服务中,各级政府和部门可以基于公众和企业画像,通过政务服务数字人等方式,为办事人提供全过程的"保姆式"引导和问答服务,提高服务质量,改善办事体验。在教育、医疗等公共服务领域,政务元宇宙也具有庞大的应用空间。例如,在公共卫生服务中,政府部门可以通过政务元宇宙提供线上线下结合的新型服务模式,提升传染病疫情和突发公共卫生事件早期监测预警能力。

在生态环境保护中,各级政府和部门可以全面整合自然资源和国土空间等数据,在政务元宇宙中建立全域连接、上下协同、信息融合的"天地空网一体化"生态环境治理体系,实现生态环境的实时感知、全面互联、多元共治和智慧决策,提高生态环境的治理水平。

第七章 政务元宇宙业务与应用

## 第二节　政务元宇宙助力履职能力提升

政务元宇宙的形态、属性和特征，为我们提供了很大的应用场景想象空间，可广泛应用于教育、医疗、交通、文旅、环境保护、城市治理、应急管理等行业领域，以及经济调节、市场监管、社会管理、公共服务和生态环境保护等职能，在运行、决策、服务和监管各环节都有广泛的应用空间和具体场景。

综合来看，政务元宇宙在政务服务、社会治理和监测监管领域的应用优势比较明显，这三个领域可以将政务元宇宙作为优先探索和应用的重点场景，以实现更便捷的政务服务、更协同的社会治理和更精准的监测监管。

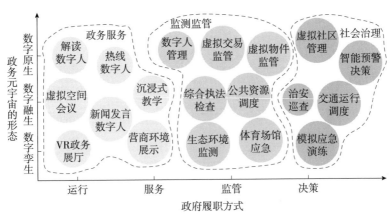

图 7-2　政务元宇宙的业务和应用场景

## 一、更便捷的政务服务

政务服务是公共服务的重点内容之一，是各级政府为企业和公众提供的许可、确认、裁决、奖励等行政服务，既包括行政权力事项，也包括公共服务事项，如信息发布、行政办事服务、互动交流服务、便民服务、文化旅游服务等。随着新型技术装备的快速发展和公众诉求及使用习惯的改变，政务元宇宙在政务服务方式、服务体验、服务质量和服务效率等方面有较大应用空间，通过服务引导、流程提示、信息查询、结果反馈等全链条服务，提高服务质量，改善办事体验，让企业和群众办事更方便、更快捷、更有效率。

在办理行政业务前，政务元宇宙可以通过政务数字人提供详细的政策查找、政策解读、办事指引、规则讲解等服务；在办事过程中，基于政务服务知识库，政务元宇宙通过政务服务数字人等方式，为办事人提供"管家式"引导服务和问答服务等；在业务办理后，政务元宇宙可提供状态通知、结果信息、下一步提示等。政务元宇宙还可以基于用户画像、事项画像和信息画像，分析出不同个人和企业符合条件的政策和政务服务，挖掘潜在需求，通过办事提醒、政策推送、精准匹配等形式，实现提前服务、主动服务等。此外，政务元宇宙还可以反向促进行政审批制度改革，使行政审批事项大幅精简，现实世界中的一些事项在政务元宇宙环境下可能就没有存在的必要，通过用户画像、数字人标签等就可以达到类似的管理效果。

在公共服务领域，需求多元化、场景多样化、沉浸感和体验感增强等诉求使政务元宇宙也有更加广泛的应用空间。例如，在教育服务中，政务元宇宙可以突破现实世界中教师资源、内容资源、时间、空间等限制，提供无处不在的虚拟教育；在一些特定的知识体系中（如天文、地理、历史、生物等），政务元宇宙可以实现沉浸式教学，使学生通过 VR 设备"现场"观察行星运行、火山喷发、原子运行等现实世界很难看到的场景，把学习变得和游戏一样快乐，并构建网络化、数字化、个性化、终身化的教育体系，形成"人人皆学、处处能学、时时可学"的学习型社会，助力教育资源普惠共享。在交通服务中，政务元宇宙可以基于全息数字孪生技术，构建覆盖线网、线路、场站、站内设备、地理位置、车辆等全场景要素的数字孪生空间；依托元宇宙算力，整合人流、车流、信息流等数据，实现城市轨道交通运行的运营可视化、车站可视化、车次可视化、人流可视化、设备状态可视化等数字化管理功能。管理者能够通过全景视图动态掌握城轨运行状态，实现智能交通管理；公众能够通过交通数据实时了解车次和人流、车流信息，选择最优出行路线等，提升轨道交通运行效率、安全保障、出行体验。

政务元宇宙对场景渲染、模拟仿真、3D 建模、虚拟现实、增强现实和混合现实等技术的深度应用，使得它在政务信息的实景展示方面具有很大优势，可广泛应用于城市展览、政务展览等方面。例如，在政务成果展览中，人们可以充分利用政务元宇宙建设 VR 政务展厅，打破地理空间和业务系统的限制，将营商环境、地理风貌、文化传承、民生工程等地方政府的重要议题，结合独到的数字创意宣传内容，利用数字孪生、虚拟现实等各类新颖的技术在政务展厅中集中呈现，并与政府各职能部门的业务数据实时连接，动态分析可视化展现，不仅可以展示政府政策和建设成果，还可以更好地引导和推进政策的落实工作。在招商引资服务中，人们可以基于产业园区、招商引资政策、对接交流等数据，通过数据与空间的结合，利用数字孪生、虚拟现实等各类新颖的技术，绘制土地云图、园区云图、产业云图，展示地方产业全景，对地方产业承载空间、产业数据进行整合，全方位展示本地区招商资源及营商环境，并进行实时双向交互，实现投资项目"精准对接"。

政务元宇宙对智能眼镜、脑机接口等新型装备的应用，使得人机交互、虚实交互、数字人之间的交互等变得更加便捷、实时。公众和企业在日常生活和生产经营中如有疑问，可随时向无处不在、无时不在的政务数字人提问，政务数字人则可以基于问答库、知识库、政策库等数据，结合自然语言处理与知识图谱技术，对公众提问内容进行准确解析，并自动匹配最优答案，实现公众咨询的自动回复、实时回复、精准回复，并且可以大幅降低互动交流成本。在政务元宇宙中，人们还可以进行便捷高效的虚拟"面对面"交流，比如政府领导、工作人员、市民和企业等不同主体基于自身的数字人身份，可以沉浸式参与"政府开放日"等活动，进行虚拟空间的"面对面"交流，提高互动效果。此外，政府还可以基于庞大的虚拟网络和智能感知体系，更好地了解社会运行态势、倾听民声、了解民意、汇聚民智。

政务元宇宙不仅可以广泛应用于对外服务，还可以广泛应用于政务运行和内部服务。例如，在常见的会议场景中，人们就可以广泛应用政务元宇宙，提高会议效率和会议质量。在一般性讨论交流会议中，参会人员无须到达现实世界中的会议现场，只需以相应数字身份进入政务元宇宙虚拟空间，即可身临其境地进行面对面的交流讨论，系统还可以详细记录会议全过程。在重大事件的新闻发布中，在全方位整合事件数据（事件起因、经过、进展、结果，以及历史数据、其他地区相关数据等）的基础上，人们可以利用新闻发布数字人进行信息发布，提高新闻发布的准确性和严谨性，还可以为参会者提供沉浸式"身临其境"的新闻发布体验。

## 二、更协同的社会治理

十九届四中全会指出，社会治理是国家治理的重要方面，必须加强和创新社会治理，完善"党委领导、政府负责、民主协商、社会协同、公众参与、法治保障、科技支撑"的社会治理体系，建设人人有责、人人尽责、人人享有的社会治理共同体，确保人民安居乐业、社会安定有序，建设更高水平的平安中国。与传统的社会管理模式相比，"协同""参与"和"科技"等是现代化社会治理体系的鲜明特征。在社会治安、公共安全、基层社会治理等社会治理领域，政务元宇宙有着广泛的应用空间。政府部门利用政务元宇宙，可以更好地掌握信息、反应部署、协调行动，增强决策的科学性和行动的及时性，形成"用数据说话、用数据决策、用数据管理"的社会治理决策机制，推动社会治理从传统"运动式、粗放型"向现代"常态化、精细型"转变。

在政务元宇宙中，数据与业务和技术高度融合，有助于打造横向到边、纵向到底、全闭环的数字化社会治理模式，实现区域范围内的态势感知、智慧决策和协同共治，并形成对全域范围内整体状态的及时感知、全局分析和智能处置，实现突发事件的高效应对、城市运行效率的大幅提升。政务元宇宙中无所不在的数据，可以更好地反映社情民意和公众诉求，便于政府更好地了解社会态势，拉近政府和群众之间的距离，促进社会治理从"自上而下的领导布置式"向"自下而上的群众需求式"的转变，从而化解社会矛盾，减少社会风险。

依托虚实结合的社会治理大数据，政府部门可以在政务元宇宙中建立决策指挥中枢，建立大数据辅助科学决策机制，通过智能化多维度分析模型，按照不同的主题场景进行仿真推演、趋势预测和综合研判等，提供分层级应用的研判分析、综合指挥、高效处置及监督管理等支持能力，为社会治理提供辅助决策，提高决策的科学化和精准化程度。例如，政府可以基于城市基础设施运行数据、信息交互和决策处理信息，通过对大量物联网设备、业务系统的数据和日志信息、政民交互信息等进行采集过滤、清洗、整合、人工智能分析，生成基本信息库、监控预警信息库、未来事件预测信息库和决策建议库，基于一定规模建立分析模型，构建智能决策应用服务，设置预警阈值，并对上层应用提供决策建议。

在政务元宇宙中，基于数据和仿真模型的集成融合，人们可以实现现实世界与虚拟空间的实时映射，对现实环境进行动态复刻和沉浸推演，创造现实中没有的事物及体验，并实现虚拟世界和客观世界的联动和融合。这使得政务元宇宙在应急演练、模拟仿真等场景中具有广泛的应用空间。例如，在城市救援指挥中，人们可以通过政务元宇宙构建消防数字孪生场景，结合物联网定位、无线数据通信、最优路径规划等技术，为消防指挥人员构建高效实用的三维室内消防人员定位、科学指挥施救的解决方案；通过对消防场所的三维建模，实时展现消防员在楼宇内的当前位置、移动轨迹、停留时间、附近消防设施、楼宇通道等消防救援现场数据，自动预警停留时间过长的消防员，并结合建筑物实际情况给出最优通道建议。

政务元宇宙良好的用户体验、便捷的接入和交互，还可以更好地鼓励和吸引公众参与社会治理。通过广大市民、消费者和媒体的参与，发挥广大第三方力量，可以更加及时、准确、广泛地发现社会治理线索，使社会治理更加协同和精准。当然，这需要相关部门能够整合多方治理主体和治理渠道，实现社会治理数据的实时对接和共享融合，并充分调动各方参与共治的积极性。

此外，政务元宇宙在其他各领域也有较大应用空间。例如，在军事活动推演中，指挥人员可利用各种仿真手段，在政务元宇宙中对真实或假想的军事活动进行多维建模和试验，并基于试验结果做出科学决策，从而达到特定的推演效果；还可以通过仿真系统软件及 VR 设备等模拟武器装备的状态并进行相关应用，通过虚拟仿真技术从战争的战局、战略、战术等角度进行作战模拟仿真。

后续三章将分别围绕政务元宇宙在政务服务、社会治理和监测监管中的具体应用场景展开描述。

## 三、更精准的监测监管

监测监管是国家治理现代化的重要组成部分,随着"互联网+监管"平台的建成、连通和应用,执法和监管数据的归集、共享和应用达到较高水平,监管的规范化、精准化、智能化水平大大提升,事中事后监管效能不断提升,为下一步利用政务元宇宙实现更加精细化的执法监管奠定了较好的基础。通过政务元宇宙高度的数据整合能力和协同共享程度,监管部门能够实时获取各方面数据,了解经济运行情况,把握社会运行态势,更加及时精准地发布监管动态、推送企业信用分类数据、提供风险预警线索,有力支撑事中事后监管,从而实现精准高效的监督管理,提高城市治理水平。

例如,在执法检查方面,监管部门可以整合行政、市场监管、交通运输和公安等执法数据,全面了解商家经营现状、整改情况、合规比对结论等情况,并借助 AR 设备实现快捷处理,为综合执法检查提供更多的"眼睛"和"帮手",解决单部门检查"看到管不到、管到看不到"的问题,提高了执法检查效率。

在城市治安方面,通过成熟的人脸识别、声音识别、指纹识别等技术和数据分析,监管人员可以实现"亿万人脸、秒级定位",提前发现可能的治安风险;在事件处理过程中,一线警务人员可通过 AR 智能眼镜,利用超大移动带宽,将前端超清摄像头拍摄的视频画面高质量传输回指挥中心,实现信息可视化和信息实时互通;后端也可将可疑人员、可疑事件等及时反馈给一线人员,以便第一时间采取行动,提升治安水平。

政务元宇宙是实体政务和虚拟政务的融合,既有从现实到虚拟的孪生形态,也有从虚拟到现实的原生形态,以及两者深度融合的融生形态。因此,市场监管不仅包括利用政务元宇宙对现实世界进行监管,还包括对原生于政务元宇宙的各种活动进行监管。监管部门可以在现实世界规则的基础上,建立虚拟世界的监管规则,对虚拟世界中的活动进行监管,并将其与现实政务中的监管相融合,特别是对重点行业、重点物品、重点企业的数字化监管,进行双向联动监管,实现虚实融生。

第八章

**政务元宇宙的政务服务应用**

▷ 本章主要讨论政务元宇宙在信息发布、行政服务、互动交流、便民服务、教育培训、文化旅游等领域的创新应用。

微信扫描二维码
观看元宇宙应用案例视频

政务元宇宙的建设应从公众获取信息与事项办理等需求出发,将政务元宇宙的各项技术与政务服务业务紧密结合,实现提前服务、主动服务、推送服务,提高服务质量,并为办事人员提供全过程有温度的引导服务和问答服务,提高办事体验,让企业和公众办事更快捷,不断提高公众满意度。政务元宇宙的虚实结合特征,还可以促进政务服务精简和优化。

## 第一节 信息发布

在政务元宇宙场景下,信息发布将进一步整合供给侧数据资源信息,并与受众身份信息相结合,实现以数字人为入口的、虚实场景相融合的信息展现及传播。通过虚拟现实、增强现实等技术,信息发布可以实现多样化的展现形式,大幅提升公众对信息发布内容的理解度,显著降低特殊群体获取信息的门槛。随着移动设备、可穿戴设备的普及,随时随地的信息获取及沉浸式体验将成为现实。

## 一、新闻播报

随着人工智能技术的发展和 5G 时代的到来,新闻播报快速进入智能化、多元化、个性化、视听一体化的阶段,传统的"读文"或者"读图"方式已经难以满足公众的需求。

图 8-1　播报型数字人

利用内容智能生成、数字人形象生成及智能驱动等多项前沿技术,生成形象写实、表情自然的数字人新闻主播。基于大数据支撑,数字人新闻主播可以细致入微地识别播报文本的感情色彩,并根据新闻内容和语境,自动生成具有情绪、动作和表情的播报效果,甚至可以根据受众的喜好,进行个性化播报,使内容与用户之间的交互变得更加亲切自然。数字人新闻播报的创新呈现方式,不仅让用户获取新闻的过程更加便捷高效,也让单调的新闻推送变得更有温度。

## 二、政策解读

政策解读是信息发布的一项重要工作。传统的政策解读主要以文字、图文形式呈现，表现形式不够直观，对受众的逻辑思考分析能力要求较高，对政策引发的公众议题的解答也往往不及时。

从解读的方式来看，传统的图文或视频解读都属于静态展示，信息内容的获取主要依赖于读者浏览和自我理解。而在元宇宙中，数字人则赋予解读更加灵动的形态，除了提供语音讲述外，还可以基于数字化技术嵌入动态的要点展示，能够将数字技术融入解读过程中，让读者化身为"对话者"，让解读过程允许被打断，穿插互动过程，提供即时答疑服务。

图 8-2　利用数字人进行政策解读

数字人声情并茂的解读形式，能够提升政策解读表现力，并结合智能问答能力解答公众集中反馈的问题，提升公众的体验。

## 三、新闻发言人

新闻发言人是指作为部门代表，在一定时间内就部门某项重大事件或政策问题，举行新闻发布会，或者约见记者，发布新闻或阐述所代表的政府的态度立场，及时向公众通报相关重要信息，保证公众知情权。新闻发言人通过及时主动地发布新闻、信息，阐述政府或组织的观点立场，在舆论引导中把握主动权、减少不利报道，树立良好的形象。由于重大事件的突发性、政府答记者问的严谨性、政策连续性，以及需要清楚记住政策及历史事件，新闻发言人面临着巨大的压力。

通过技术手段构建的数字新闻发言人，对历史新闻发布会数据进行学习，结合政务知识图谱技术构建新闻发言知识库及智能问答能力，出席新闻发布会并进行观点阐述、政策和事件解读回应，既能分担真实新闻发言人的工作压力，又能保证新闻发言的质量、发言内容的严谨性。

图 8-3　新闻发言数字人

## 四、形象代言人

邀请明星担任某城市、景区形象代言人，在当前已较为常见。但明星代言会受到合同条款、时效日期等现实条件制约，更重要的是明星个人情况的变化会导致其与城市、景区之间的定位不再一致。数字化形象代言人则不受此限制，不同的城市、景区可根据当地文化与风土人情，定制符合自身定位的数字化形象代言人。

图 8-4　数字化形象代言人

相比明星代言，数字化形象大使不受时间、空间等条件制约，可以多地同时开展代言工作，而且可以在形象设计及代言活动中融入该地独特的民情民风、服饰特点、审美习惯，体现独特的文化差异。

## 五、手语播报

据统计，中国有超过 2 700 万听障人士，对政府网站中的新闻发布会、视频新闻、现场直播等信息获取存在障碍。手语播报是通过人工智能技术将播报内容翻译

图 8-5　手语播报数字人

合成为手语，并驱动手语播报数字人实时生成手语手势，为听障人士提供精确的播报服务。

手语播报数字人通过机器翻译深度学习模型生成手语表征信息，进而生成高准确率的动作、表情、唇动等序列，实现自然、专业、易懂的手语播报效果，显著提升手语播报的真实感与亲切感。手语播报数字人可以为新闻发布会、视频新闻、现场直播等内容提供实时手语解说服务，助力听障人士了解、交流新闻时事。

## 六、政策精准推送

惠企利民相关政策具有数量庞大、种类繁杂、专业性强的特点，法人用户和自然人用户在使用政策时存在"查找难、解读难、申报难"三大痛点，且部分政策时效性较强，用户易错过申报时机。政策精准推送场景的设计初衷正是针对以上三大痛点，以"政策库＋政策对象精准画像＋数字人"的服务模式，实现惠企利民政策的精准匹配和智能推送。

政策精准推送通过构建政策图谱，将海量的各级各部门政策进行细化分解，并做结构化、标准化处理，实现智能解析；整合供给侧数据资源信息，并与受众身份信息相结合，实现法人用户画像和自然人用户画像；构建智能推荐引擎，运用大数据算法和人工智能技术，将法人和自然人画像和海量的政策信息进行精准匹配，生成报告；通过"5G消息"将匹配报告主动推送给符合条件的法人和自然人用户，用户查看"5G消息"时，数字人可以为用户进行政策匹配情况智能解读，并引导用户进行在线申报。

## 第二节　行政服务

行政服务是指各级政府为企业、公众提供的许可、确认、裁决、奖励等办事服务，包括行政权力事项和公共服务事项。目前的在线办理方式存在缺乏临场感、交互不直观等问题。

在元宇宙时代，政务服务的场景构建及流程再造将发生革命性变化。政务服务将不再受部门、层级、地域、时空的限制，进一步降低公众获取和享受服务的门槛，并带来更及时、友好、全方位的服务体验。

### 一、VR 政务展厅

政务展厅是政府政策和建设成果的宣传平台，政府部门将党政建设、相关政策、法律法规及推行落实的结果全面展示给公众，让公众及时、充分、直观地了解政府工作。

VR 政务展厅将打破地理空间和业务系统限制，将营商环境、地理风貌、文化传承、民生工程等地方政府的重要议题，结合独到的数字创意宣传形式，采用数字孪生、虚拟现实等各类技术在政务展厅中集中动态呈现，不仅可以展示政府政策和建设成果，还可以更好地引导和推进政策的落实工作。

## 二、虚拟政务服务大厅

从独立窗口办事到"一体化服务平台"建设，线下政务服务大厅实现了企业和公众办事物理场所的统一，但仍存在全流程事项办理不完善、公众需求回应实时性差等问题。

图 8-6　虚拟政务服务大厅

政务元宇宙中的虚拟政务服务大厅，是以服务型虚拟数字人为入口的交互式政务服务新场景。在其中，办理人可以与政府各个部门的虚拟数字业务人员进行交互，从而完成事项办理。数字人提供全方位的办事指引服务，为公众办事提供身份核验、窗口指引、办事指南解释、办理材料受理和验证、问题答疑等服务。企业、公众通过 VR 设备接入元宇宙政务服务大厅，打破地区空间限制，实现"一镜通办"。

## 三、适老化 VR 办事助手

国家推动"便老利老惠老"政策,解决老年人运用智能技术困难,推进信息无障碍建设,但信息化技术对于老年人依然具有一定的门槛,许多老年人在用手机办业务的时候仍然存在看不懂、学不会、用不好等现象。

在政务元宇宙中,适老化 VR 办事助手针对老年人群体,通过三维建模和虚拟现实技术模拟实体办事窗口,让老年人带上 VR 眼镜即可体验传统的办事模式,使信息技术适应老年人群体习惯的办事体验,优化老年人办事服务流程,实现特殊形式的"适老化"。

## 四、无障碍增强现实服务

在元宇宙背景下,无障碍增强现实服务借助元宇宙能力中心赋能及 AR 设备,将虚拟信息与真实世界巧妙融合,可以更好地解决特殊人群办事难的问题。AR 设备借助多媒体、三维建模、实时跟踪及配准、智能交互、传感等多种技术手段,将计算机生成的文字、图像、三维模型、音乐、视频等虚拟信息投射到真实世界中。

AR 设备集成办事服务后台相关信息,向特定感官能力缺失人员提供针对性增强辅助服务,比如向听力障碍人群提供对话字幕展示,将语音内容转化成文字或图像;向聋哑人提供手语传译服务和文字影像展示服务;通过虚拟数字人及盲文阅读设备向盲人提供语音讲述和盲文阅读双重信息传达服务等。

## 五、数字税务官

税务局可以依托智能问办平台和分层服务流转系统,建立数字税务官,打造"智能交互＋智慧流转＋智库支撑"的税费服务新模式,为纳税人提供集咨询、查询、办理、预约、需求响应于一体的高效互动服务。

在政务元宇宙中,数字税务官将能承担更加复杂的办税服务,实现和企业、公众的数字化身的面对面办税活动,完成身份校验和办税互动,提供与线下一致甚至超越线下的办税体验。

## 第三节 互动交流

### 一、政务热线数字人服务

政务热线数字人服务以"数字人+智能问答"为主,人工应答为辅的方式,重塑12345政务热线的业务流程及响应方式,让政务热线服务更亲民、更生动、更智能、更有效。

在政务元宇宙中,政务热线数字人服务依托数字人、智能语音技术和机器人流程自动化技术,提供智能化12345政务热线数字人服务;以精准的语义理解、自然的人机交互、健全的知识图谱、深度强化的学习能力实现将人工、规则以及需要历史经验决策处理的热线服务工作改由数字

图8-7 政务热线数字人服务

人完成,避免热线呼叫聚集造成的业务堆积、人工接通率低等问题,提升12345政务热线的咨询服务能力,实现热线服务提质降本增效。

## 二、数字人在线咨询

数字人在线咨询利用语音识别、语音合成、自然语言理解、AI 数字人驱动等技术，用多轮对话的方式，为社会公众提供智能咨询交互服务。

数字人在线咨询可以解决上下文关联的智能解答业务问题，精准引导事项办理，动态查询变化数据，改变传统文字解答或机器人回复的刻板形象；在政府网站、政务新媒体、移动 App 等渠道中为公众提供 7×24 小时的在线咨询服务，并能够与播报的方式结合，实现答疑、舆论引导、信息传播等多种效果。

此外，数字人在线咨询还可以在互动中了解主流民意，实现舆情监测"关口前移，防患于未然"，让舆情监测分析从"报警器"走向"主动预防"。咨询互动中积累的海量行政服务需求，还可以为大数据分析提供素材，形成服务诉求、用户画像与舆情的深度分析报告，助力政府部门精准及时地掌握社会公众对政策的关注与诉求。

## 三、XR 大厅在线访谈

目前的政务在线访谈主要通过远程连线、网页直播等形式开展，但这种方式存在一些问题，比如社会公众的参与度较低、互动性差、体验感不足等。

在政务元宇宙中，XR 大厅在线访谈可以利用虚拟现实技术实现全景会客厅，在线上模拟全流程实景，打造虚拟与现实交互并存的主题访谈场景，政府官员、访谈嘉宾、社会公众等参与者可以创建符合自己形象的虚拟角色，沉浸式参与在线政务访谈。政务访谈过程中涉及的人物、事件、数据、政策等信息采用图片、音频、视频、3D 模型等多样化的形式呈现，从而为政府部门提供与公众交流更直接、更实时的方式和途径，有效加大关键性政府信息的公开力度，为公众提供权威性的政策解读，引导社会公众参与政府公共管理过程，保证合理化建议及时处理和反馈。

图 8-8　数字人在 XR 大厅中进行访谈

## 四、数字人意见征集

意见征集是指法律、规章制度或其他文件在提交正式审议批准或决定前向社会公众或特定部门、群体、人员征求修改意见。通过开展民意征集，政府部门可以迅速了解社会不同层次、不同背景的公众对这些服务的认可程度，就重大政策和重要事件客观地收集真实需求信息和征集意见，调整修正决策和策略，满足不同的需求。

当前意见征集存在的主要问题是公众参与感低、满意度差。

在政务元宇宙中，意见征集引入数字人，将政策文件、起草说明、前期调研、专家论证、存在争议的主要问题及处理情况等内容素材成体系梳理，通过数字人声情并茂的政策解读和场景式对话互动，让社会公众对征集意见加深理解。数字人可以在交流中收集社会公众需求信息和意见，为调整修正政府相关决策和策略提供参考，提升社会公众的参与感和满意度。

## 五、新闻发布厅

新冠肺炎疫情的出现使跨地区、跨时区的线上会议形式得到公众的广泛认可及各行业的广泛应用。但是，线上会议只是采用了最基本的"视频＋语音"的通信方式，交互体验有待提升。

在元宇宙场景下，政府的新闻发布会将打破只能通过媒体录播及在线直播的方式，通过布置贴合新闻发布会主题的元宇宙会议场景，政府官员、新闻发言人、媒体记者、社会公众等参会人员都能创建符合自己形象的虚拟角色，用"网络分身"在虚拟会议室中开会互动。元宇宙新闻发布会让媒体的协作及报道打破时空限制，为参会者提供沉浸式开会体验，让参与者在会议中的"交互、交流"更为彻底，让新闻发布会重新回归"以人为本""人性化"的"面对面交流"本质。

## 六、智能检索数字人

政府网站和政务新媒体主要通过用户输入文字或语音的方式进行检索，只能通过可枚举的条件匹配用户输入信息，很难动态感知用户真实诉求。

引导式智能数字人基于大数据分析和知识图谱技术实现数据检索逻辑重构，进行查询意图输入，通过语义分析、意图感知等智能化技术完善检索意图，可以在检索过程中插入机器人指引辅助，利用数字人对用户检索意图进行呼应和展示。这种模式能够通过全景式互动更加全面地获悉用户检索意图，强化用户信息获得体验。

## 第四节　便民服务

### 一、气象服务

公共气象服务的传统方式主要是电视台播报及网站发布气象信息，方式较为单一；同时，面向环保、通信、水利、交通等专业领域的气象服务能力不足，难以开展专业气象分析和预警服务。

元宇宙气象服务通过虚拟数字人可以为公众提供公共气象服务，包括各地区天气查询及场景式展现，气象知识实时语音、文字交互等服务功能，可以提供沉浸式天气体验及 7×24 小时公共气象服务。在气象播报过程中，元宇宙气象服务可以通过数字孪生技术构建特定区域虚拟场景，对晴天、雨雪天、阴天等天气状况提供虚拟现实的直观展现，对温度、湿度等气象参数提供配置功能，为环保、通信、水利、交通等领域专业气象服务提供仿真研究平台。

### 二、法务服务

公众对法务服务的需求包括法律法规咨询、法律援助申请、人民调解、律师服务、司法鉴定等。据司法部统计，截至 2020 年年底，全国共有基层法律服务机构 1.4 万多家，而全国基层法律服务工作者 6.3 万人，存在着较大的服务资源缺口。

通过数字人提供法务服务具有服务便捷、形式新颖、全天在线等特点，可以有效弥补法务服务资源缺口。公众、企业和社会组织可以通过与数字法务专家的交流获取当地律师律所信息、咨询法律法规、进行案件分析、申请法律援助等。数字法务专家依托当地司法服务资源和律师律所资源，面向公众提供不受时空限制的专属法律顾问服务。在办理场景中，数字法务专家可以根据办理需求引导用户进行身份认证、信息提交，并形成专业法律意见。

## 三、残障群体服务

数字人可以极大地减少残障人士在获取公共服务中的交互困难。

数字人可以作为向残障人士提供政务、交通出行、医疗卫生等服务的管家。残障人士可以结合自身需求选择语音、动作、文字等多种唤醒方式，通过数字人获取各类服务资源和残障人士社会福利。以医疗卫生服务为例，残障人士通过虚拟数字人可以呼叫救护车、咨询健康知识、购买药品等。

## 四、民生信息推送

市民对信息公开中涉及的衣、食、住、用、行等民生相关内容比较关注，但目前这些政务信息主要以文字形式呈现，难以快捷查找和直观理解。

政府部门可以在政务元宇宙中构建城市数字孪生平台，该平台可承载公众用户需要的教育资源、医疗卫生、社会保障、政务服务、户籍管理、交通管理、文体旅游等详细信息。此外，该平台在与用户交互的过程中对公众进行用户画像，并结合公众的地理位置信息，以直观、可视、清晰的虚拟空间场景展示技术向用户推送学校、医院、商场、体育馆、公园等生活服务设施相关信息，围绕市民需求精准推送周边便民服务。

此外，用户可以通过与数字人进行一对一互动，获取服务地点的位置导航和其他相关信息。

## 五、商贸展会

新冠肺炎疫情导致商贸展会交流活动无法正常开展。在元宇宙中，政府部门或企业可以基于5G、6G、物联网在内的下一代网络、数字孪生、大数据等技术底层支撑，构建一个全新的、无限的虚拟展会场景，也可以将一些无法通过真人或实物展示的商品信息进行具象化展示。参会人员可以通过移动设备或VR设备接入会场，并开展跨时空的交互式参观和沟通。虚拟展会场景可基于数字身份认证实现商贸洽谈、信息分享、合同签约等服务。

## 六、营商环境展示

传统招商引资主要是将本地招商项目、政策优势等进行宣传推广，形式单一，难以给潜在投资者留下直观印象。

政务元宇宙中的精准招商可以改变以往招商的"被动"服务模式，实现"主动出击"。通过数据与空间的结合，绘制土地、园区和产业云图，展示地方产业全景，对地方产业承载空间、产业数据进行整合，全方位展示本地区招商资源及营商环境。

投资者在元宇宙营商环境展示平台中可以直观地看到项目相关细节，并与主办方的数字人实时交互，咨询该地区投资政策、产业资源、招商资源和招商项目详情，通过企业画像，结合"企业投资合作意向书"，有针对性地对当地招商引资项目的产业类别、产业规模、上下游产业链等相关数据进行分析，匹配最"适合"的招商线索，实现投资项目"精准对接"。

## 七、人才引进与招聘

对于各地人社部门来说，吸引高质量人才和促进就业是政府人力资源工作的重中之重，现阶段人才流动越来越频繁，企业信息不足、企业和人才的互动少、招聘信息延迟等情况成为人才流失的重要原因。

对于政府而言，在元宇宙中建立人才引进中心，可以为目标人群更加全面地呈现信息，通过数字人阐述当地人才引进优惠政策和即时答疑，有效拉近与目标人群之间的距离。

通过构建虚拟招聘大厅，企业和就业人员可以获得线上交流渠道。企业可以在虚拟招聘大厅设定摊位样式和企业简介，发布招聘职位和相关要求。就业人员可以利用数字分身在虚拟招聘大厅与企业进行实时交互、投递简历。

## 八、医疗健康服务

政务元宇宙可以通过数字身份、数据确权、数据治理和人工智能等技术，为公众建成属于自己的健康账户，即"数字健康人"，包括健康档案、医疗档案、健康生活档案等，让公众用看得见、听得懂的方式了解目前只有医学专家才能解读的健康报告和诊断结果，及时全面了解和掌握自己的健康状况，推动公众健康生活方式的养成。

### 1. 沉浸式医疗可视化

传统医疗展厅设计形式以图文展板介绍或技术人员讲解为主，无法充分展示部分复杂的设备系统价值，且对于非专业参观人员而言，这种展示形式深奥晦涩，很难达到展示交流的目的。

图 8-9　XR 沉浸式演播室

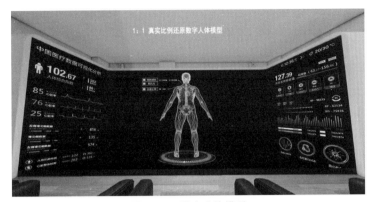

图 8-10 数字人体模型

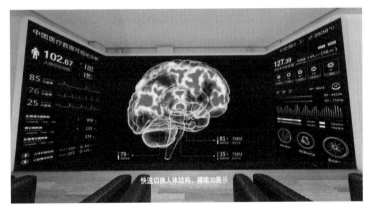

图 8-11 裸眼 3D 展示

政务元宇宙可以利用元宇宙技术构建沉浸式医疗可视化交流中心，通过 LED 屏幕组成的扩展现实三维空间，用虚实结合的方式显示展厅效果，在空间中打造出实时可观看的沉浸式虚拟仿真环境；通过数字孪生技术进行医疗数据的实时接入与立体化展现，进行人体三维解剖结构展示，1∶1 还原数字人体模型，直观展现人体结构与病灶演化。

## 2. 数字人医疗救护培训

传统救护培训工作的开展更多是利用学校、社区、企业等单位,组织小规模的授课与现场救护演示培训,受参与人数、培训空间、培训素材等限制,培训覆盖率低,培训效果不理想。

在政务元宇宙中,救护培训工作可以打破空间、时间限制,提供随时随地可获得的救护培训。利用数字孪生与三维建模技术,培训人员可以将培训所用的场景、道具在元宇宙中仿真,模拟真实事故灾害现场、真实伤员和真实受创伤情,以达到在全社会普及紧急救护知识的目的。典型的事故灾害场景包括家庭火灾、车祸救援、地震救援、水灾救援、极端天气避险等。

## 第五节　教育培训

### 一、沉浸式教学

2020年新冠肺炎疫情暴发以来，线上教学成为保证教学进度的重要工具，现在线上教学方式的互动性差，学生缺乏体验感，影响了线上教学的质量。

数字孪生和三维可视化技术可以重塑线上教育方式。教师和学生通过VR设备可以在虚拟的线上课堂进行交互，学生可以直接观察如行星运行、火山喷发等现实世界很难看到的场景，把学习变得和游戏一样快乐。通过整合国内、国际名校教师和课程资源，现实世界的著名教授化身元宇宙数字教育者，可以更广泛地向不同年龄、不同层级的学习人员提供所需的教学内容，极大地提升学习效率和学习体验。

### 二、科普教育

目前的科普工作主要依靠科技人员集中开展，传播方式更多依靠文字、图片，公众获取信息的渠道不畅且体验感较差。

通过虚拟现实技术，科普人员可以直观地展示如地质结构变化、星系运行、古代环境等宏观场面，也可以三维展示如原子分子结构、纳米材料加工等微观场面，甚至可以直观展示核聚变发电的整个过程以及新冠病毒在人体内复制感染的过程。

此外，科普人员还可以通过虚拟数字人引导受众对虚拟世界进行操作推演，达到相比于传统科普的纸质读本、音视频等形式更具冲击力的科普效果。

图 8-12　方轮车虚拟体验

## 三、党史学习

党史学习是党建工作的主要组成部分。元宇宙技术应用于党史学习会带来全新的体验效果。虚拟现实、增强现实技术的运用可使党史学习不再局限于文字、图片资料，党员们可以"亲身"旁观南湖红船会议上党组织的成立过程；可以感受当年红军爬雪山、过草地的万里长征的艰险困苦；还可以体验四渡赤水、巧渡金沙江、飞夺泸定桥的智慧与勇气。这将比传统方式更加生动和震撼，增强党建教育新活力。

## 四、公共安全培训

公共安全的防范以及发生时的应急处理的重要性已经成为政府管理部门及公众的普遍共识，但公众普遍对公共安全知识缺乏了解，管理部门因资金、人员、专业知识储备等限制，很难高频次、全方位开展公共安全知识的普及和培训。

借助数据治理、知识图谱、虚拟数字人等技术，公共安全管理部门可以将国家和地方现行政策法规、公共安全的科普知识、公众面对突发事件的应急处理知识进行整理并形成知识图谱，并以虚拟数字人作为公共安全科普讲解员，提供 7×24 小时全年无休的公共安全知识的讲解和演示服务。公众可以随时随地通过移动设备了解和学习公共安全知识，也可以线上学习科普课程，并能够向虚拟科普员进行提问，以获得更有温度的服务和更便于理解及实践的公共安全知识。

## 五、就业创业指导

高校毕业生就业创业指导具有显著的时间周期和明确的主题目标，对就业创业信息的及时准确性有较高要求，其指导培训效果也受到地方政府创业政策、企业所处行业和所在地，以及高校毕业生学历、专业等多种因素的影响。目前，各地和各高校的就业创业指导中心的工作仍以校园招聘会、线上网站公告等形式为主，毕业生和招聘方的互动性不足，导致双方信息对接不充分。

政务元宇宙可以构建元宇宙就业创业指导中心，提供招聘、会议等服务或 AR/VR 设备，使企业招聘信息能够实时动态更新展示，也使得毕业生的个人作品、能力得以全方位展现。企业与毕业生可以打破物理空间、时间的限制，通过元宇宙会议进行面试等互动交流，确保双方可以充分、及时地获取信息，增进彼此之间的了解，完成双向选择。

## 六、职业技能培训

随着移动互联网的普及，网上学习已经成为职业技能提升的重要手段。但目前网上学习的信息获取途径主要还是看和听，无法覆盖部分职业培训中所必需的实践环节。

围绕职业技能培训，政务元宇宙可以围绕"人"的元素，通过虚拟化身技术和虚拟环境搭配方式，提升职业技能培训效果。首先，元宇宙职业培训课堂能够实现优质师资力量的能力集约，通过数字人虚拟一个全能的职业技能高手，实现师资水平跨越式提升；其次，通过虚拟现实技术，政务元宇宙能够创造一个不受时空因素限制的数字化课堂，依靠服务型虚拟数字人"师傅"提供一对一拟真培训，化"大班教学"为"个性化"单人授课，做到真正的因材施教；最后，政务元宇宙能够实现教材及辅助教学设备的高度复原和呈现，满足重复练习和实践需要，达到"熟能生巧"的练习效果。

## 七、农作物种植培训

农村实用技能人才紧缺已成为制约乡村振兴和创新发展的瓶颈之一。现有的免费职业技能培训存在学无用、无处学等情况，此外，受到客观环境的制约，农民在农业种植专业技术学习等方面接受程度不高，学习热情较低。

通过虚拟现实和三维可视化技术，政务元宇宙可以建设元宇宙虚拟种植空间，针对不同地区土壤、气候、水资源等环境差异，模拟农作物生长环境，展示农作物种植全周期生长过程，对农作物各个种植环节进行作业仿真，使种植过程不再受到时间和空间限制，开展农作物种植技能培训，大幅提升农作物种植经验的推广和普及。

数字人农业培训通过 VR 技术模拟种植、养殖、农产品加工等场景，通过实际场景仿真，按照标准作业流程进行种植，并完成浇水、施肥等具象化操作。数字人通过对农资、农机、农具等实物的三维呈现和对种植、农产品加工流程的模拟仿真，让农民以更易接受的方式对农业技能有更深刻的科学认识。此外，数字人还可以作为农业技能的"百科全书"，为农民提供实时问答服务。

## 第六节　文化旅游

### 一、景区虚拟化

传统旅游业存在公共设施不便利、景区指示解说不详细、服务水平参差不齐、娱乐项目千篇一律等问题，以及新冠肺炎疫情对旅游业的严重影响迫使各地文旅部门思考破局的方案。

在元宇宙技术的支持下，旅游业将迎来巨大的产业变革。基础设施的升级将使得公共设施的定位、指引、使用说明更易于理解；数字人可以与游客产生接近真人的互动，提供景区景点相关知识的标准化介绍、相关问题的标准化回复；游客通过AR设备，可以置身复原图景下的宫殿、城池、山川、江河，对历史和地理景点有身临其境般的感受；各景区可以结合当地的历史、文化构建具有地域特色的游戏娱乐服务，并与虚拟场景结合，增强游客体验。与博物馆的元宇宙场景类似，我们也可以将部分景点和旅游项目进行虚拟化复刻，将游览娱乐体验延伸到线上，有效扩大受众群体、增加营收、应对突发公共卫生事件和自然灾害等对旅游业的影响。

## 二、虚拟旅游

后疫情时代，旅游业在一定时期内仍将受到疫情带来的负面影响。持续的疫情、低增长的经济环境，迫使旅游行业开始主动自我革新，进行数字化转型，尝试探索借助新技术推动文旅产业高质量发展。

数字科技与文旅融合会给游客带来更多层次的体验感，使游客不仅仅是旁观者，而是成为参与者。借助先进的增强现实、虚拟现实、扩展现实技术优势，构建三维立体的文化旅游环境，让用户能够通过移动端的交互形式，通过虚拟主持人的引导去体验不同的城市文化发展与创新，实现虚拟空间漫游、虚拟导游、虚拟购物、场景设施体验等，展现中国具有特色的城市、小镇、景区、人文、城市建筑、科技、工业、农业等，为全域旅游发展开辟新的形式，多视角展现中国精彩的文化旅游元素，尽显美丽中国华丽篇章。"云旅游"的体验内容形式丰富，可以增加体验乐趣，通过还原历史故事等体验形式，让受众更好地理解和感受各民族文化。

云端交互构建云端游览中国，不仅可以通过元宇宙展现精彩的故事片段，还能在移动端实现与画面内容实时交互。用户可以通过移动端交互形式体验中国城市文化元素，以"第一人称视角＋实景漫游＋虚拟主持人互动体验"的形式，获得非同寻常的视觉体验。

图 8-13　虚拟主持人

## 三、文化遗产复刻

文化遗产作为人类共享的精神文化财富，具有稀缺和不可再生的特性。文化遗产保护存在成本高昂、文物维修工程繁杂、资金到位不及时等问题；同时，文化遗产受到展示形式、地理位置、距离等因素的影响，对民众的吸引力不足。

全景摄影、虚拟现实等核心技术可以解决珍贵文物复刻的难题。文物复刻人员利用虚拟化数字技术对文物进行复刻，可以让公众不受时空限制，穿越古今，身临其境地感受文化遗产的魅力。数字技术的出现，使制作从传统的平面形态升级成为虚拟的三维形态，特别是穹幕、柱幕、巨幕、环幕电影和裸眼 3D 等视觉技术的应用，将传统的文化遗产内容与现代的声、光、电、网络等形式结合，可以全面提升全息式的渲染氛围。利用数字技术对文化遗产进行保护，在使历史遗迹"昔日重现"的基础上让文物"动"起来，更重要的是形成新的价值让文物"活"长久，比如研发原创 IP 及旅游周边产品，形成从文化价值的挖掘研究到 IP 打造，再到产品化运营的全产业链场景实践。

## 四、数字档案馆

馆藏档案需依法向社会开放，传统模式下公民或组织需持有合法证明（如工作证、身份证、介绍信等），并在规定的时间去档案馆进行查阅，这导致档案检索效率不高且受到时间、空间限制。

虚实融合是档案管理的重要趋势之一，元宇宙技术为数字档案馆的建设提供了一个新的思路，比如利用三维建模技术构建数字孪生档案馆，通过虚拟数字人向公民或组织提供档案开放服务，这将极大地提升档案开放效率；充分利用现有信息化档案资源，将档案按部门、主题进行数字化归类，构建虚拟数字化档案大厅；公民或组织通过数字身份认证后，可以采用语音、文字互动的方式对开放的档案进行检索、查阅、下载。

## 五、数字博物馆

近年来，随着国民素质的整体提升，公众对自身知识文化的迭代更新成为一种日常诉求。博物馆作为面向公众尤其是青少年开展历史、自然、人文、科技等知识普及的重要场所，不再以严肃呆板的形象示人，而是结合科技、彰显个性、突出优势。一些城市的博物馆甚至成为网红打卡地，其文旅周边产品也在线上线下火爆热卖，在创造文化价值的同时带来了可观的经济收益。

元宇宙相关技术的发展，推动了国内众多国家级和省级博物馆在公众访问体验方面的积极探索，如中国国家博物馆的云端好展、秦始皇帝陵博物院的数字秦陵（微信小程序）等，均以VR全景的方式进行建筑、展品的呈现。

未来，数字人播报与博物馆AR视觉体验相结合，不仅能够向现场观众进行更详细生动的展览介绍，甚至可以"一秒穿越"到古代去体验历史的浩瀚磅礴，同时可以将一些高质量专题展览转移到线上，使展览不再受时间、空间的限制，可以被记录、记忆，并获得与现场相同的观展体验。

## 六、元宇宙休闲农业

农业正在改变过去那种"面朝黄土背朝天"的传统形象，越来越多的消费者愿意参与到农业生产中。虚拟现实、增强现实技术为农业参与提供了更多可能性。例如，将虚拟现实技术运用到休闲农场的体验项目中，通过使用虚拟现实技术，消费者可以尽情发挥想象力。

利用元宇宙的虚拟世界，结合现在流行的认养模式、农旅休闲等项目，消费者可以积极探索"开心农场"游戏与现实农业生产的结合。在这个过程中，消费者在家里通过虚拟现实交互设备，进入元宇宙农场，这个农场在2 000公里外的新疆，或者在8 000公里外的欧洲，消费者开着收割机为自己养殖的5 000头牛收割玉米等，实现了通过远程视频实时掌握农场情况，以游戏形式获得远程浇水、施肥的沉浸式体验。在虚拟的世界中，消费者还可以看到农场的各种业态展现,从开垦到播种再到收获,利用元宇宙技术,消费者可以在一个虚拟的农场中操控无人设备来体验种地乐趣。

虚拟现实技术和元宇宙游戏还可以应用于农庄休闲体验项目中。例如,元宇宙农场可以尽情激发消费者的想象力、创造力,以及增强他们的立体空间感,成为一个供消费者游戏娱乐的空间;别具一格、多样化的元宇宙主题农庄更是激发了消费增长点。

# 第九章

## 政务元宇宙的社会治理应用

▷ 本章主要讨论政务元宇宙在城市规划、社区管理、交通管理、应急管理、公共安全、疫情防控、治安巡查等领域的创新应用。

在政务元宇宙中，数据与业务和技术高度融合，有助于打造横向到边、纵向到底、全闭环的数字化社会治理模式，实现社区管理、城市交通的态势感知、城市规划的智慧决策和公共安全的协同共治，并形成对全域范围内整体状态的及时感知、全局分析和智能处置，实现应急管理、治安巡查和突发事件的高效应对，提升城市运行效率和社会治理成效。

## 第一节　城市与社区管理

### 一、城市空间规划

在智慧城市建设浪潮中，部分城市对城市特色定位不清晰，城市规划略显随意，部分城市广场、社区街道、景观绿化等未及时纳入规划，城市规划布局一改再改，导致资源浪费。

在元宇宙中，城市空间规划可以基于真实城市空间地理信息的数字化建模，通过数字孪生和三维可视化以及更加丰富的空间元素分层展示手段，将城市空间地上、地下、天空均纳入城市元宇宙空间。在具体建设过程中，利用物联网技术动态采集城市物联网设备数据，实现城市元宇宙空间与真实世界的同步。

基于城市元宇宙空间，各级政府在推进城市空间规划、国土空间开发适宜性评价、国土空间规划监测、评估和预警工作时可以在虚拟空间完成，形成多套城市规划方案，对城市规划落地的场景进行模拟仿真，极大程度地避免真实空间物理障碍干扰和反复的奔波勘测，能够极大程度地提高城市空间规划管理能力，有效保护永久基本农田、城镇开发边界等控制线，构建节约资源和保护环境的生产、生活、生态空间。

## 二、元宇宙社区建设

当前城市社区内的居民日常交流相对匮乏，社区居委会、物业公司与辖区居民的交流也往往通过传统公告栏或微信群通知的方式单向推送信息。

元宇宙社区可以依托数字孪生技术在虚拟世界搭建起数字社区，居民可以在其中生成自己的数字分身，在保留了线上社交的使用习惯的同时，提升社区居民之间的交流意愿，推动居民之间的社交及对社区公共事务的参与。

在元宇宙社区中，社区居民可基于兴趣爱好寻找志同道合的伙伴，借助 VR 设备共同在线观看电视剧、电影，共同参与游戏。居民可以发布团购、租赁、二手物品交易等信息，对商品具体信息进行可视化展示，并拥有数字身份认证的真实性保障。居民可以主动开展线上交友及互助活动，增加对友邻的了解，并将交友活动延伸到线下。物业和社区工作人员可以在元宇宙社区内开展通知、宣传、缴费提醒等工作，强化信息的全面、及时、精准覆盖。居民可以对物业和社区工作进行监督，并随时提出意见和建议。

通过元宇宙社区的建设，社区管理及社区居民的交流互动不再受时间、空间的限制，每一位居民都可以随时通过多终端设备接入社区，主动开展活动及接收信息。

## 三、社区管理

社区管理主要面向人、车、公共设施。通过构建元宇宙数字孪生平台，社区可以实现对人员、车辆信息的采集管理及动态识别。此外，该平台可以与门禁系统、车库车位管理系统等打通，实现社区内人员和车辆的自由出入及人流、车流的实时监控，并对所识别出的陌生人员和车辆进行身份确认登记，有效保障社区安全。

通过数字孪生设备所采集的公共设施数据，社区工作人员可以对小区内的电梯、路灯、下水道、水池、公厕等公共设施进行监控，设置定期巡检提醒，发现问题能够及时预警、及时维修更新，保障社区公共设施的安全稳定运行。

此外，在基层社区治理方面，社区也需要融合政府部门、社会公共机构、社会组织和公众，形成"多元共治"的整体性治理体系。但目前广大居民自身参与意愿不强，居民在自治意识和社区参与方面都缺乏热度。

通过构建社区数字孪生平台，可以建立政府部门、社会公共机构、社会组织和民众群体的连接的纽带，具体表现包括：统筹视频监控及各类数据库，形成实景立体地图，实现人口、法人、社区设施、社区事件等数据统筹；公众通过数字人可以上报社区事件，包括公共设施维修维护、突发事件等；通过标准化运行和扁平化管理，社区可以实现快速发现、快速受理、快速处理；政府部门通过虚拟数字人可以实时监控社区状况并接收预警。

## 四、房屋档案管理

房地产管理部门的房产信息收集还停留在简单的房产位置、面积、楼层等基本信息层面，缺乏立体直观的房屋信息展示。

在政务元宇宙中，基于数字孪生城市三维空间模型，房管部门可以利用VR技术实现三维房产信息录入，实现房产信息立体化登记管理。对商品房、廉租房、两限房、公租房进行精细化登记管理，构建立体化房产档案，为住房合理化配置、商品房交易提供更加全面立体化的信息服务。

## 五、城镇燃气管网风险监测

城镇燃气管网是一套复杂的市政工程系统，由门站或气源厂压缩机站、储气设施、调压装置、输配管道、计量装置、管理设施、监控系统等组成。每年发生的室内外燃气爆炸事故都会造成巨大的人员伤亡和经济损失。燃气防爆是市政安全生产管理的重要工作之一，燃气管网的安全监测需常态化、智能化。

城镇燃气管网风险监测通过物联网感知设备与居民住户、工商业用户的燃气设备、GIS 系统、燃气管网对接，实现对压力、流量、密闭空间、燃气泄漏等数据监测，实时记录和分析管网运行健康数据，实现管网地理空间、运行状态信息的集成以及管网运行状态的动态安全监管；它可以将监测数据汇入燃气管网监控平台，可以远程进行定期、不定期安检、巡检，减少入户安检的压力；可以实现气源调度，快速处置燃气管网突发报警事件，完成居民住户和工商业用户燃气相关数据统计分析；可以将管网自动监测与人工巡线相结合，将人员轨迹与地址图上面的管网进行匹配，保证所有监测点均完成巡检工作。

## 第二节　交通管理

### 一、交通事故预警

城市交通拥堵现象，尤其是重要节假日的拥堵现象及交通事故频发问题是交通管理部门面临的核心挑战之一。公安及交通管理部门目前已经实现了对遍布城市大大小小道路上的摄像头、交通信号灯、测速设备等数据信息的全方位采集，可以结合数字孪生和仿真技术，实现对交通风险的监控预警。

数字孪生技术用于构建城市交通的虚拟数字化网络，通过采集数据的实时分析，可以有效计算出各路口短时内的车流量、人流量等指标，以动态模拟的方式来预测接下来的车流、人流走势，发现堵点及可能的交通事故风险点，通过交警或多终端设备向存在风险的车辆、人群发出预警信息，从而提高公共出行的安全概率，同时，对历史发生的交通事故也可以采集相关数据，进行模拟复盘，发现问题和风险所在，制定交通网络完善和交通管理完善措施，有效排除或降低事故多发地带的安全风险。

## 二、城市交通管控

近几年，机动车保有量快速增加，车辆管理、交通管理已经成为制约城市高质量发展的重要问题。

在政务元宇宙中，交通部门可以构建城市交通数字孪生平台，将先进的电子技术、信息技术、传感器技术和系统工程技术运用于城市交通管理，通过网络模拟与仿真，实现城市动态交通管理。

城市交通数字孪生平台作为交通运输数字化中心，可以实现虚拟交通环境与真实交通管理的关联，及时感知交通事故、交通拥堵等突发状态，并可以基于系统实现实时交通信号、人员、车辆等调度指令，改善城市交通通行效率，为公众出行提供便利。

## 三、轨道交通管理

地铁、轻轨等城市轨道交通建设具有建设成本大、建设周期长、一经建成无法更改等特点，提高城市轨道交通的运营效能，是充分发挥其建设价值的有效手段。

基于数字孪生技术，轨道交通管理部门可以构建覆盖线网、线路、场站、站内设备、地理位置、车辆等全场景要素的数字孪生可视化系统；依托元宇宙算力中心，并整合人流、车流、信息流等数据，实现城市轨道交通运行的运营可视化、车站可视化、车次可视化、人流可视化、应急可视化、设备状态可视化等数字化管理功能。在城市轨道数字孪生可视化系统中，管理者能够通过全景视图动态掌握城轨运行状态，提升轨道交通运行效率。

## 四、航运虚拟化调度

航运调度是航运工作的关键。当前航运调度面临较高的风险，当遇到大范围海域、河域引航工作时，容易因信号受到干扰而操作失误，毁坏设施。

航运部门可以采用数字孪生技术及物联网设备连接的方式进行模拟调度监控运营平台，平台可先行对港口、水电站等进行数字化建模，并将船闸运行情况接入平台进行全面实时监控。船闸调度作为港口、水电站运行过程中复杂的环节之一，可以通过模拟调度的方式先行进行调度计划的排练，在评测效果后可以在指挥中心进行真实的船闸计划执行和调度的指挥安排。通过开闸、关闸的精准把控动态保障水位平稳，保证往来船只安全通行的同时，不断提高调度效率。

图 9-1　船闸数字孪生

## 五、民航机场虚拟化指挥

民航机场作为地方政府重大基建工程，具有投资规模巨大、运营复杂度极高、安全优先级重要等特点。

在元宇宙场景下，可以借助数字孪生技术对机场进行整体建模，形成智能控制平台，并与机场已有物联网设备相连接，实时获取运行数据，可以实现对机场航班调度的优化、紧急突发状况的模拟预演、车辆旅客动态分流、运营数据监控预警等全方位的运营能力优化提升。

机场可以针对民航业务，构建空域模型、飞行区模型、航站区模型、公共区模型等智能模型库，为后续的整体模型构建奠定基础；通过多模融合一体化数据调度存储解决方案，实现多模数据的管理及呈现；针对场景构建过程中的不同业务场景分别进行建模。同时，机场管理调度人员可以通过电脑、手机、平板电脑等多终端设备进行场景的在线浏览。

图 9-2 机场运行可视化监控

## 第三节 应急管理

### 一、城市灾害风险分析

城市重大灾害主要是指泥石流、内涝、干旱、海啸、地震、台风等自然灾害。重大灾害具有难预测性、突发性、严重的破坏性等特点,导致其预警监控工作无法有效开展。但重大灾害后的数据收集、模拟重现及分析复盘工作,可以为未来的城市风险防范提供有效经验。

政府部门通过收集重大灾害发生过程中所涉及的城市公共设施、人员、车辆、建筑等信息,借助数字孪生和仿真技术,可以对灾害的发生过程进行数字模拟复盘,发现风险关键点,发现城市运行管理中的不足,并对优化完善措施的效果进行模拟演练评估;通过风险分析及模拟演练,持续不断提高城市防范和应对重大灾害的能力以及发生重大灾害后的应急响应速度,不断降低重大灾害带来的人员和经济损失。

### 二、消防救援指挥

如果高层建筑物、大型购物场所等大面积空间、复杂环境发生火灾，消防救援人员直接进入火场进行侦察和灭火工作将非常危险。建筑物外面的指挥人员使用对讲机进行消防指挥时，不清楚消防人员的行踪和消防人员所到之处的建筑物内部结构（如安全出口、楼梯口等）以及消防设施情况（如消防栓等），如果消防人员遭遇危险情况（如晕倒）而丧失自救能力时，指挥人员无法确定消防人员的位置以实施二次搜救。

在政务元宇宙中，构建消防数字孪生场景，结合物联网定位技术、无线数据通信技术、最优路径规划技术，可以为消防指挥人员构建高效实用的三维室内消防人员定位，提供科学指挥施救的解决方案。通过对重要消防场所的三维建模，实时展现消防员在楼宇内的当前位置、移动轨迹、停留时间、附近消防设施、楼宇通道等消防救援现场数据，自动预警停留时间过长的消防员，并结合建筑物实际情况给出最优通道建议。

## 三、应急逃生模拟

重点场所的公共安全治理关系到国家重大财产、公众安全、社会舆论等，是城市公共安全管理的重点对象。安全隐患预防和应急响应处理是亟待解决的核心问题。

依靠物联网感知设备，我们可以采集和汇总城市公共安全重点场所应急逃生路线、避难场所等信息，在指挥中心进行实时影像监控；同时，可以构建城市应急逃生路线三维模型，借助VR设备模拟应急逃生路线的人员疏散引导，开展公共安全应急演练和灾害救援的模拟训练，提高应急救援指挥效率。

以体育场馆应急逃生为例，作为使用频繁、功能多样的现代化综合体建筑，体育场馆除了举办各种体育赛事外，还可以举行大型文娱活动，一旦发生踩踏或其他恶性事件，极有可能造成严重的人员伤亡和经济损失。

借助数字孪生及仿真模拟分析技术，我们可以对体育场馆的人群聚集风险进行模拟分析预警，并为科学制定应急防控措施提供智能技术支持。在构建出体育场馆的数字模型后，我们可以使用智能分析技术对监控视频进行解析，得到人群的流量、密度、速度等运动参数；同时，利用短时预测和相关算法分析判断人群密度，对聚集人群进行分级风险预警，并提出相应的人群拥堵疏散措施，实现监测、识别、预测、预警和处置一体化管理。

## 四、山体滑坡监测

对于多山地区来说，山体滑坡是重点监控的地质灾害之一。现有山体滑坡监测机制主要是通过野外监测站对降雨量、表面位移、土壤含水率、视频、深部位移、全球导航卫星系统、地下水等要素进行实时监测，使用5G、窄带物联网（NB-IoT）、远距离无线电（LoRa）、北斗、有线等通信传输方式将数据传输到监测中心进行预警，其最大缺陷在于难以直观呈现滑坡风险点实时情况及周边情况。

随着元宇宙相关技术的普及，在防范山体滑坡灾害发生时，人们可以对滑坡风险点周边环境进行建模，利用现有的野外监测设备及城市气象、交通大数据模拟滑坡周边实时气象和交通信息，设置避灾预警提示和避险路线指引,实时呈现风险点及周边环境,实现全天候可视化监控目标,通过元宇宙虚拟成像和动态监控系统,实现与真实世界风险点周边人群聚集点、车辆停放点等风险告知对象的有效连接,提升山体滑坡风险掌控和预警提示效率,有效降低灾害风险。

## 五、火灾防控预警

消防救援工作是应急管理部门最重要、覆盖面最广的一项工作,涉及公共安全、居民安全甚至日常生活的诸多方面。消防救援的重点是日常对火灾风险的防控预警,以及发生火灾时的应急处理。与居民安全密切相关的火灾风险防范场所较多,包括家庭、高层建筑、大型综合场馆、学校、医疗机构、公共娱乐场所、商场市场、宾馆饭店、交通枢纽、交通工具及文物建筑等。做好这些场所的火灾防控预警,能有效消除日常生活中的此类安全隐患。

我们可以借助在公共场所安装物联网防火感应设备及数据采集传输设备,对公共场所的烟雾指标进行动态监控,并将数据传输回防火救援中心,如发生危险,这类设备可以自动触发灭火装置运行,并进行自动语音告警播报,帮助疏散人群。日常公共场所还可以借助大屏进行数字人语音播报,进行火灾防范及安全逃生知识的普及。

# 第四节　公共安全

## 一、疫情防控

疫情防控的重点是如何实现对人员和车辆的动态跟踪监控。例如，社区流动人员多、流动车辆数量庞大，小区出入口的测温与身份核验便成为耗时长、有可能发生交叉感染的风险点，防控需要更高效、更精准。AR设备可以自动对车牌、人脸进行识别，并自动进行测温，可以快速获取出入人员的身份信息、行程信息，高效完成检查核验，避免人员聚集。

图9-3　测温及身份核验

疫情发生后，如何解决医疗资源短缺、专家紧缺等问题，也是医院及社区工作的重点。通过AR设备对有就诊需求的社区人员进行远程问诊及医疗协助，可以有效避免交叉感染，抢占诊治的黄金时间，降低传播风险。

## 二、治安巡查

治安巡查是警务工作的重要组成部分，可以起到有效预防违法行为、严密控制违法犯罪等作用。目前，治安巡查存在警力资源不足、警力分配不合理、情报信息不及时等问题，导致巡查效能不足。

我们可以通过"5G+AR眼镜＋高清视频实时回传+AI智能识别"实现治安巡查，强化治安复杂区域信息采集和警务的实战效能。第一，通过集成人脸识别技术并与公安系统相集成的方式，实现大规模人像信息的采集、搜索、布控和数据挖掘，实现"亿万人脸、秒级定位"的人脸识别能力。第二，向片警和辅警提供AR智能眼镜，利用5G提供的超大移动带宽，将前端超清摄像头拍摄的视频画面高质量传输回指挥中心，实现信息可视化和信息实时互通。第三，指挥中心警用信息系统自动匹配人脸库，查询通缉人员、可疑人员、重点监控人员的个人信息，当识别出相关可疑人员信息时，AR智能眼镜可直观展示并提供可疑人员预警信息，从而最大限度提高治安巡查效能。AR治安巡查可与警方远程指挥调度系统、移动执法系统等警用信息系统对接，对可疑人员实施抓捕追踪，实现科技助力警力，提升治安巡查效能。

## 三、犯罪现场实景重现

犯罪现场遗留的信息是残缺的、变形的，甚至是变质的，因此，对犯罪现场还原和模拟显得尤为重要。目前，犯罪现场的还原主要依靠犯罪现场照片，无法反映物证与犯罪空间关系，影响办案侦查人员的工作效能。

侦查人员可以采用三维激光扫描来快速记录犯罪现场，并通过虚拟现实技术进行现场的三维实景重建。在犯罪现场三维实景重建的基础上，侦查人员可以在元宇宙空间中构建或模拟犯罪现场，利用3D虚拟成像技术，还原物体的造型以及人体动作姿态、运动的轨迹等来模拟整个犯罪的场景以及过程，然后从科学的角度去分析整个案件的过程，确定案件的性质，高效辅助侦查工作的开展。

## 四、重点人群监控

社会经济发展和交通设施的改善使公众的流动性越来越大，重点人员漏管、脱管、失控现象严重，如何做好重点人员动态管控成为公安机关面临的严峻挑战。依托重点人员信息平台，借助物联网、信息采集、增强现实等技术，公安机关可以实现管控模式的全面升级，综合运用情报信息资源，多角度、多层次地对重点人员进行动态管控。

利用AR设备，从行动跟踪、动态研判和风险评估三个方面展开对重点人员的管控。公安机关可以进行身份、车牌、人脸、手机、指纹和声音等信息采集,传输至监控管理平台,通过大数据深层挖掘和智能研判,与数据库的已有重点人员信息进行比对,发现重点人员并迅速掌握其就业状况、居住处所、交往人员和活动轨迹等情况,对有异常行为的重点人员,及时列为高危人员管控,作为重点关注对象;实现对人员的全方位、立体式管控,提高社会治安防控水平,提高民众社会治安满意度。

第十章

## 政务元宇宙的监测监管应用

▷ 本章主要讨论政务元宇宙在综合执法、环境监测、工业废弃物管理、公共资源管理、电力设施监测、知识产权审查、农产品溯源等领域的创新应用。

政务元宇宙通过数据整合和协同共享，使监管部门能够实时获取各方面数据，掌握经济社会运行情况，实施精准高效的监督管理。本章对政务元宇宙在综合执法、环境监测、工业废弃物管理、公共资源管理、电力设施监测、知识产权审查、农产品溯源等实际场景中的创新应用进行了探讨和展望。

## 第一节 生态环境

### 一、环保执法检查

目前，环保执法检查主要是通过集成区域地理空间信息数据、标识即时、历史环保监测数据、群众环保投诉相关数据，构建区域环保检查模型，辅助环保执法部门制定针对区域内水、大气、固危废、建设项目排污许可及自然保护地、环境安全等各类生态环境问题的执法检查计划。例如，在水污染执法中检查入河排污口、沿江化工企业废水、污水处理设施等重点对象时，存在无证或超标排放废水、设施不正常运行、利用 COD 去除剂、监测数据造假等环境违法行为。

在政务元宇宙中，环保检查人员可以通过AR辅助设备，在环保检查过程中通过增强显示设备，展示被检查区域、对象的即时、历史环保监测数据，提高环保检查效率。例如，在环保检查人员针对沿江化工园区开展环境安全隐患排查整治专项执法时，AR辅助设备可以显示园区相关化工企业环保设施运行情况、污染物历史排放情况、污染整改情况和风险隐患问题等，帮助环保检查人员督查企业环保整改和污染治理的措施落到实处，确保环保执法检查成效。

## 二、重点排污单位监控

构建城市重点排污单位监控体系，做到全面、及时、客观、准确地掌握重点排污单位实际排污状况，为全力打好污染防治攻坚战，实现精准治污和防范环境风险奠定坚实的基础。第一，通过接入国家重点排污单位自动监控系统，获取关于污染物排放数据和中控站房、污染治理设施、总排口等关键部位视频监控数据，创建城市重点排污单位监控三维空间分布虚拟空间，实现对重点排污单位的实时监测。第二，利用虚拟数字人，通过"5G消息"、语音电话、可视化网页界面等方式，向各级生态环境主管部门、相关管理人员和运维监管单位巡查人员等直观呈现城市所有纳入重点排污单位监控系统的废气、废水污染源在线实时监测监控的污染物排放数据与视频动态图像，及城市重点污染源排放异常情况以及运行异常情况等，结合运维监管单位的现场巡查上报数据，实现对重点排污单位随时随地全方位无死角的在线监控监测，追踪污染物、废弃物轨迹，提高污染源监控效率。

## 三、生活水质监测

城市居民用水包括日常生活用水、公共设施用水等。近年来，随着我国城市化进程的加快，以及城市高层建筑的增多，城市供水安全的水污染事件频发，严重影响公众的生活起居与安全健康，引发重大的经济损失甚至舆情危机。众多水污染事件侧面反映出我国城市供水水质监测能力薄弱，应急措施不完善，相关处理机制不健全。

通过将物联网感知设备部署在供水设备、供水管道内，可以基于数字孪生、AIoT等技术实时感知管网运行情况，将数据动态汇总传输至指挥监控中心，监控中心可以通过感知设备精准调整水泵的启停、水压的升降，基于国家、行业标准和相关设备运行指标要求，与测定的供水设备参数、管道压力、水质指标等进行比对，发现问题即刻预警，并定位污染源头，快速切断传输，控制污染范围，最大化减少损失，在防范控制水污染风险的同时提高整个管网的运行效率。

## 四、水体污染监测

水体污染监测通过采集水质监测点实时测量数据和遥感监测数据，构建区域水体三维模型，实现水体污染防治立体化监测管理，提供水体污染实时监测和预警，辅助污染源追溯。第一，在地面实时测量数据采集方面，对接流量计、水质自动采样器、水质自动分析仪、温度计、pH水质自动分析仪等水污染源在线监测仪器，以及水污染源排放口、流量监测单元、监测站房和水质自动采样单元等水质监测点实时测量数据，包括化学需氧量（CODCr）、氨氮（$NH_3$-N）、总磷（TP）、总氮（TN）、pH值、温度及流量监测因子等。第二，通过内陆水体水质遥感监测，选择遥感波段数据与地面实时监测数据进行大数据分析，建立区域水体三维模型，反映水质在空间和时间上的分布情况和变化，发现一些常规方法难以揭示的污染源和污染物迁徙特征。第三，利用虚拟数字人，通过"5G消息"、语音电话、可视化网页界面等方式，向水质监控中心和相关人员进行水体污染预警，通过区域水体三维模型辅助污染源追溯和预测污染物迁徙特征等。水体污染监测具有监测范围广、速度快、成本低和便于长期动态监测的优势，有助于切实加大水污染防治力度，保护水环境安全，从而有利于人民群众的健康和经济社会可持续发展。

## 五、空气污染监测

空气污染监测通过集成气象数据和空气质量监测物联网设备监测数据，构建城市空气质量模型，针对不同的空气污染物模拟污染扩散模型，直观呈现城市大气污染情况，辅助空气污染治理和检查工作。第一，集成气象数据和激光粉尘仪、挥发性有机化合物（VOCs）在线监测仪等空气质量监测物联网设备定点、连续或定时的采样数据和测量数据，包括降尘、总悬浮颗粒物、飘尘、二氧化碳、二氧化氮、一氧化碳等。第二，通过集成城市气象数据，包括风向、风速、气温、气压、太阳辐射强度、相对湿度等气象参数，与空气质量监测物联网设备监测数据结合进行大数据分析，建立城市空气污染监测三维立体空间模型，反映大气环境质量现状及其发展趋势，包括细颗粒物的浓度和分布情况，模拟出污染扩散时空模型和主要特征。第三，利用虚拟数字人，通过"5G消息"、可视化网页界面等方式向空气质量监控中心和相关人员直观呈现城市大气污染情况，预测、预报城市大气污染时空变化情况，辅助开展空气污染治理和检查工作。空气污染监测有助于大气质量控制和对大气质量进行合理评价，是保护和改善大气环境质量的重要手段，对促进人类社会、经济的发展以及保障人体健康有着十分重要的意义。

## 六、区域辐射防治监测

针对存在辐射源的单位，包括高校、研究机构、企事业单位等，根据其放射工作场所、辐射源、辐射范围等构建三维立体辐射模型。例如，钢铁企业的放射工作场所主要分布在矿山选矿、烧结配料、炼铁焦槽、炼钢结晶器和泥浆输送管道、轧钢系统、焦化配煤和干熄焦塔等场所；辐射源分为密封源（占总数80%）和射线装置（占总数20%）。密封源包括核子秤、密度计、测厚仪、中子水分仪、料位计、液位计、物质成分分析仪和探伤机等。射线装置分为射线测厚仪、射线分析仪、酸度计等。在三维立体辐射模型的基础上，建立风险区域划分模型，利用虚拟数字人，通过可视化界面等方式对辐射污染源防控提供可视化助力,对辐射源项选型、辐射源活度的大小、辐射防护等提出相关的控制措施,有效预防辐射和控制潜在辐射。

## 七、工业废弃物鉴别

随着工业生产的发展,工业废弃物数量日益增加。工业废弃物消极堆存不仅占用大量土地,造成人力、物力的浪费,而且许多工业废渣含有易溶于水的物质,通过淋溶污染土壤和水体。粉状的工业废弃物,随风飞扬,污染大气,有的还散发臭气和毒气。有的废弃物甚至淤塞河道,污染水系,影响生物生长,危害人体健康。

工业废弃物鉴别通过建立废弃物图片视频信息档案库,运用图像识别和对比分析技术,对废弃物进行分析识别,借助AR设备帮助废弃物管理人员精准识别废弃物,做好废弃物分类管理。例如,工业废弃物经过适当的工艺处理,可成为工业原料或能源,较废水、废气容易实现资源化。借助AR设备还可以帮助废弃物管理人员初步识别危险废弃物,为后续的危险废弃物鉴别和有效管理奠定基础。

## 第二节 公共资源

### 一、矿山数字人安检

矿山井下作业包括多种作业操作，如采煤作业、掘进作业、电气作业、爆破作业、通风作业、安全监测监控作业等，因其复杂性和危险性，作业人员需要严守岗位，紧密配合，确保人身安全、设备安全和作业施工安全。日常作业中存在多方面隐患，比如因机械设备操作程序烦琐导致作业人员遭受机械打击伤害；井喷使得油气聚集到一起，引发火灾与爆炸；误吸入有害物质导致作业人员中毒；使用机械设备进行生产和维修的过程中发生触电类电力事故等。

井下作业人员在下井前及作业执行过程中的安全检查对安全防范起到至关重要的作用。数字人作为矿山井下作业人员的安检员，可以结合图像采集和安检信息采集数据，对井下作业人员下井前进行360°装备检查，确保人员装备佩戴齐全、符合安全规定，人员基本健康数据（体温、身体状态外显数据、初步的情绪判断等）满足下井要求，方能下井执行工作。数字人以数字化、标准化的安检工作弥补了人工安检工作的不足。

## 二、城市土地资源可视化

我国是地少人多的国家,许多地区的城市土地已经无法再次扩张,必须加强土地资源的管理,提高土地使用率,不断提高城市的承载能力和经济容量,提升城市的竞争力。

通过元宇宙虚拟空间技术,在现有智慧城市的基础上,利用数字孪生和三维可视化技术建立城市土地资源立体可视化模型,并在立体空间中根据土地使用情况对地块信息进行标注,利用大数据技术采集汇聚地质勘探、城市规划、土地附着物等相关资源信息,利用三维成像技术对地块信息进行可视化合成,以立体的形象展示地块及周边空间信息,直观呈现地块边界、周边环境、地底环境、规划信息、土地用途信息等详细情况,为土地资源的合理利用提供支撑。

## 三、智能电网调度管理

电力调度是为了保证电网安全稳定运行、对外可靠供电、各类电力生产工作有序进行而采用的一种有效的管理手段。电力调度的具体工作内容是依据各类信息采集设备反馈回来的数据信息,或监控人员提供的信息,结合电网实际运行参数,如电压、电流、频率、负荷等,综合考虑各项生产工作开展情况,对电网安全、经济运行状态进行判断,通过电话或自动系统发布操作指令,指挥现场操作人员或自动控制系统进行调整,如调整发电机出力、调整负荷分布、投切电容器、电抗器等,从而确保电网持续、安全、稳定运行。近年来,随着科技的不断发展,现代化监测、控制手段不断完善,电力调度的技术支持也日趋强大。

通过整合电网监管部门现有信息系统的数据资源,深度融合5G、大数据、云计算、人工智能、融合通信等前沿技术应用,依靠数字孪生和三维成像技术,以电网设备实体应用为对象、以地理空间坐标为依据,实现对电网的可视化建模。依靠物联网组件和虚拟接口实现高度融合,将信息、技术、设备与电网运营管理需求有机结合,覆盖电网综合调度业务等多个业务领域,实现"智能感知、智能调节、智能处置"的管理目标,有效提升电网现代化管理水平和效能。

## 四、电力设施异常监测

当前电力系统中,对电力设施及电力状况的监管任务较为繁重。现有的电力监管方式主要靠人工巡查,由于区域较广、设施众多,难以实现第一时间发现问题并有效监管。

通过构建电力设施数字孪生平台,可以仿真出电力设施的区域布局及实时状况。结合物联网技术的特高压设备耐压感知、变流器功率感知等技术,可以在第一时间发现电力设施异常情况,对发现的异常情况可以在数字孪生平台进行三维直观展现并发出预警。电力项目数字孪生平台提供了电力项目推演技术支撑,通过不同的参数配置对异常情形在虚拟世界中进行预演并制定应急预案。

## 第三节　其他应用

### 一、知识产权审查

在知识产权审查，特别是专利审查的工作中，由于涉及的材料多、行业多，因此审核的工作非常复杂，耗时费力。

数字人结合"专利知识图谱"技术，建立"数字人审查员"，可实现对发明专利申请进行初步审查。

首先，数字人审查员通过对申报材料进行结构化整理，完成形式审查，自动完成审查各种申请文件是否齐备，是否使用了规定的格式，文件撰写是否使用了规定的形式等。

其次，数字人审查员还可以自动对申报材料进行实质性缺陷审查，主要是审查专利申请的内容是否明显不符合法律规定，比如是否明显违反国家的法律，损害社会公德和公共利益；主题是否明显不属于专利保护的范围；专利申请是否符合单一性要求；申请人对申请文件的修改是否明显超出了原说明书和权利要求书记载的范围等。

最后，数字人审查员可以对文件进行辅助实审，审查文件是否具有新颖性、创造性和实用性。

## 二、农产品溯源

农产品溯源可以让消费者了解农产品的生产信息，看到农产品的生产全过程，让消费者对企业、对产品更放心。元宇宙将以更丰富的"码"上信息、更真实的场景和更多元的表现形式向消费者展示农产品生产和流通全过程，实现通过终端就可以看到产品产地的所有情况，农产品从采摘到快递到家全程可控。例如，针对农特产品，尤其是小众农产品，完全可以开发在线AR/VR农产品选购系统。基于地理信息系统（GIS），消费者选择一个地块，查看地块上农产品的生产过程，然后选择收获或者出栏的农产品，比如一只黑猪，选择喜欢的部位下单，下单时一猪一码。当然渠道商批量选购时也可以使用这种方法。另外，地理信息系统和元宇宙可以帮助解决农产品品质差的问题。前沿的技术大大降低了消费者对农产品质量信息的获取成本，提升了消费者对品牌的信任度。

## 三、综合执法检查

围绕商事经营活动的消防、卫生、经营许可、安全生产等多项检查活动，可以基于元宇宙算力中心，在各部门数据实现共享的基础上，构建商家综合执法信息档案，借助AR可穿戴设备帮助综合执法人员全面展示商家检查信息。

综合行政执法、市场监管、公安、交通运输、住建等部门可以将信息汇总至综合执法平台，执法人员在检查过程中，借助AR

设备扩展现实能力，全面了解商家经营现状、整改情况、合规比对结论等情况，并借助 AR 设备实现快捷处理。AR 设备为综合执法检查提供更多的"眼睛"和"帮手"，解决单部门检查"看到管不到、管到看不到"的问题，提高了执法检查效率，促进了部门相互融合，也大大降低了商家整改成本，提升了执法满意度。

# 第十一章

## 政务元宇宙建设与运营

▷ 坚持战略思维、创新思维、安全思维，遵循战略分析、顶层设计、业务梳理、数字人选型、虚实空间构建、持续运营、生态构建七个步骤，层层落实、步步推进。

▷ 构建以算力中心、技术中心和业务能力中心为核心的政务元宇宙三大支撑体系，并在此基础上推进各类政务元宇宙创新应用。

▷ 坚持有效市场和有为政府，迅速行动、抢占先机、系统协同、持续迭代，探索政务元宇宙建设运营模式。

政务元宇宙的构建是一个复杂的系统工程。本章探讨了构建政务元宇宙的方法论，提出了便于快速落地实施的政务元宇宙构建"七步法"。本章还提出了政务元宇宙建设的三大关键支撑体系，论述了算力中心、技术中心和业务能力中心的内容构成。此外，本章依据政务元宇宙构建过程中参与方及关系，讨论了政务元宇宙投资、建设和运营的三种模式。

# 第一节　政务元宇宙构建方法论——"七步法"

政务元宇宙的建设需要有超前思维，提前布局，系统性和创新性是其主要特征。结合政府服务、政府治理、便民、利企的典型实践，本节推出"七步法"建设方法体系，为政务元宇宙建设提供理论支撑和指导。"七步法"的步骤包括战略分析、顶层设计、业务梳理、数字人选型、虚实空间构建、持续运营和生态构建。

政务元宇宙

图 11-1　政务元宇宙构建"七步法"

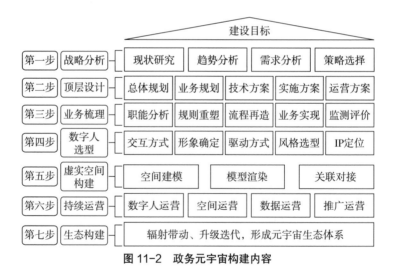

图 11-2　政务元宇宙构建内容

# 一、战略分析

战略分析是指对政府部门的业务现状、存在问题、发展需求等进行调研分析，结合职能定位，解析政务元宇宙的发展战略与愿景。

政务元宇宙战略分析包括现状与问题、机遇与挑战、优势与劣势、需求与目标、策略与路径等分析。战略分析采用企业战略分析方法（SWOT）等，针对数字政府场景、需求模式、数字化基础等内容进行剖析，同时围绕政务元宇宙建设面临的发展条件、资源禀赋、政策环境等方面，对推进政务元宇宙建设的必要性和可行性进行评估分析；围绕国家和上级的有关部署和要求，结合本地方发展实际，确立政务元宇宙建设发展定位和使命任务、顶层设计的规划思路与建设方向。

本阶段的产出物为政务元宇宙建设与发展的战略研究报告，该报告将统一思想、凝聚共识，为下一步政务元宇宙的发展规划、顶层设计和建设运营等提供指导和支撑。

## 二、顶层设计

政务元宇宙顶层设计包括总体规划、业务规划、技术方案、实施方案与运营方案等。顶层设计要以各地区数字政府发展战略、数字化纲要性文件为支撑，结合本地区政务元宇宙需求及重点问题，以实现政务元宇宙为出发点，围绕经济调节、市场监管、社会管理、公共服务、生态环境保护等方面的基础条件及实际需求，编制总体规划、业务规划、技术方案、实施方案与运营方案等。

总体规划是指结合政务元宇宙发展战略和具体战略举措，规划政务元宇宙的技术体系、数据体系、业务体系、空间体系、交互体系，描绘政务元宇宙整体蓝图，形成总体架构。

业务规划是指对政府业务事项进行梳理，形成政务元宇宙业务架构体系，构建政务元宇宙的业务场景和解决方案。业务规划应针对每类业务提供方、业务服务对象、业务服务渠道等多方面因素，构建形成政务元宇宙的业务能力框架和业务流程框架。

技术方案是指基于数据体系、业务体系、空间体系和交互体系的支撑价值，明确技术方案的核心内容，探索搭建交互设备、算力中心、技术中心和下一代网络等核心技术的必要性，形成技术方案。

实施方案是指根据建设目标和需求，明确建设各阶段的主要任务、推进计划、实施路径、保障条件等内容，确定项目建设的优先级、数量、步骤和责任分工等。

运营方案是指政务元宇宙运营管理体系规划，包括运营目标、运营流程、运营组织和运营规范等内容，通过体系化的设计和安排，总体把控政务元宇宙的运营工作。

## 三、业务梳理

业务梳理是指梳理政府履职、群众和企业办事等业务事项，内容包括职能分析、规则重塑、流程再造、业务实现、监测评价等，其目的是明确业务内容和提供方式，形成事项清单。

职能分析是指根据业务事项涉及的所有组织和人员，列出所有职能清单，厘清不同职能的相互关系。职能分析基于事项需求，确定待加强、待取消、待补充的职能清单，明确政务元宇宙体系下主要职能和次要职能清单。

规则重塑是指基于事项需求，明确待重塑的规则清单；在业务梳理体系下，规则重塑应解决数据、空间、交互、业务等同维度及多维度之间的运行法则。

流程再造是指对政务的现有流程进行调研、诊断、再设计，基于业务事项需求，确定政务服务的流程设计框架，输出必须改变的流程和无须改变的流程环节。具体步骤如下：首先找出流程的结果和联系，然后分析并对现有流程进行量化，最后再设计业务流程。

业务实现是指列出所有业务清单，基于现阶段政务事项需求和痛点，输出可以在政务元宇宙体系下处理的业务事项清单，明确政务元宇宙对该类事项的赋能价值。

监测评价是指建立流程监控指标体系，对政务元宇宙体系下的业务运行情况进行监控和评价。常见的监控指标包括体系便利度、响应速度、用户投诉情况等。

## 四、数字人选型

数字人选型是指根据政府部门的业务场景和服务内容，确定数字人形象定位等。在数字人的构建上，关键在于确认需要什么类型的数字人，数字人需要满足什么形象。从交互方式、形象确定、驱动方式选择、风格选型、对应对象这五个建设维度来输出数字人的具体形象，综合可以输出几十种数字人形象方案。

在交互方式设定上，确认选择单向传播还是引导交流或者双向交流；在形象设定上，确认选择2D形象塑造还是3D形象塑造；在驱动方式选择上，确认选择真人驱动形象还是AI驱动形象；在风格类型选择上，确认选择二次元类型、卡通类型、真人写实还是虚拟形象；在对应对象选择上，确认选择机构属性设定还是个人属性设定。

在此过程中，需要根据数字人的形象，从交互驱动、语音引擎、推荐引擎、渲染引擎这四个方面有针对性地选择驱动引擎类型。

在交互驱动方面，技术能力包括唇形驱动、肢体驱动、表情驱动、情绪驱动；在语音引擎方面，技术能力包括自动语音识别（ASR）、语音合成（TTS）、唤醒、变声器；在推荐引擎方面，技术能力包括知识图谱、知识库、推荐逻辑、画像设定；在渲染引擎方面，技术能力包括场景视景、图像处理、摄像机、渲染器。

## 五、虚实空间构建

虚实空间构建是指基于政务元宇宙总体架构和具体的业务需求，对虚实空间架构进行规划设计，推动空间架构在建设过程中实施落地。虚实空间构建包括空间建模、模型渲染和关联对接等。

空间建模是指以实际需求为导向，顺应发展趋势，围绕"为什么建、建成什么样、如何建、谁来负责"等问题，明确虚实空间建设方案，梳理空间建设任务和重点工程。

模型渲染是指基于空间构建，使政务元宇宙的场景空间得以呈现。在元宇宙的交互中，应该满足实时渲染的要求，将系统渲染的图像及时呈现给用户，这种反馈和渲染循环的速度必须足够快，用户才能获得沉浸式的体验。

关联对接是指实现政务元宇宙虚拟空间和现实政务的相互映射、融合和动态交互问题，确定空间虚拟化的服务内容对实体政务服务的赋能方式。

目前，可以优先推进的元宇宙服务场景包括虚拟政务服务大厅、12345政务热线、线上无障碍服务、城市会客厅、城市数字孪生等。

## 六、持续运营

持续运营是指针对政务元宇宙中的总体架构、技术架构、数据架构等要求，明确数字人运营、空间运营、数据运营、推广运营等内容，建立健全符合技术标准和安全规范要求的运营体系、运营内容、运营模式、运营评价和运营迭代机制。

数字人运营主要是指对数字人角色设计、建模、渲染等平台的运营，包括平台的对接开发、优化分析、推广赋能、资产沉淀等内容。

空间运营主要是指数字孪生平台、数字原生平台、数字融生平台的运营，包括平台的技术开发、场景适配、运行维护、更新升级等内容。

数据运营包括数据准备、数据确权、数据开放、数据共享、数据流通等。数据准备是指建立数据资源目录，并将基础数据根据目录做结构化和脱敏化处理，形成数据资源图谱；数据确权是指面向与数据相关的不同主体进行确权，明晰数据权属；数据开放是指根据不同数据资源的保密性需求，建立数据开放等级，将数据纳入不同开放等级进行管理；数据共享是指根据数据资源属性和共享等级，精准匹配需求，完成数据共享和交换；数据流通是指建立数据要素流通与配置体系，推动数据安全、高效、公平、合理的流通与交换。

推广运营是指通过包装和宣传等手段，有效呈现政务元宇宙的业务价值，吸引企业和公众使用政务元宇宙产品；同时将用户分级分类，对用户需求进行分析和分类管理，建立用户反馈机制，对应用功能进行持续迭代更新，提高用户体验。

## 七、生态构建

生态构建是指打造政务元宇宙的"政产学研用金服"的融合发展体系，探索政务元宇宙建设运营创新模式，构建以政务元宇宙为核心的技术研发、成果转化、实施运营、监测评价等产业生态，辐射带动上下游产业链，并推进产业的升级迭代。

从政务元宇宙产业生态的构建上来看，企业自主完成全部系统建设的可行性较低，需要以生态方式构建政务元宇宙系统，吸引多类型厂商协同联动、优势互补。政务元宇宙的发展可带动相关产业的发展，形成辐射效应。

政务元宇宙技术更新快，需要敏捷迭代，通常包括数字人、场景与引擎平台、数字生态三个层次的迭代，使政务元宇宙建设不断完善。例如，数字人迭代遵循从 2D 到 3D、从真人到 AI 驱动等技术演进路线，需要不断进行升级，达到快速投入应用、快速产生价值的建设效果。

第十一章 政务元宇宙建设与运营

## 第二节 政务元宇宙三大关键支撑体系

政务元宇宙建设需要一套包括算力中心、技术中心和业务能力中心的关键支撑体系，在此体系之上构建相关政务元宇宙各类应用。算力中心为技术中心、业务能力中心提供算力支撑，有助于促进资源合理分配、提高工作效率和节约建设成本；技术中心建立在算力中心之上，是保障各类政务元宇宙应用平稳运行的高性能、高扩展、高容量和高安全的基础技术服务平台；业务能力中心以数据为驱动，重组数据模型、业务模型，整合并封装各种可重用的业务服务，统一为上层应用提供共性的业务支撑。基于算力中心、技术中心、业务能力中心，结合各类业务场景，政府部门可以快速构建政务元宇宙应用。

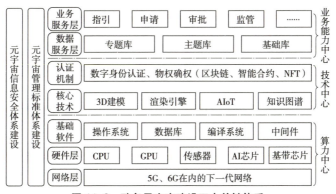

图 11-3 政务元宇宙建设三大关键体系

243

## 一、政务元宇宙算力中心

算力是元宇宙应用体系的基石,算力中心则是为元宇宙提供基础算力的运行保障平台。

算力中心基于 CPU、GPU、内存、硬盘、网络等硬件设备及配套设备,通过虚拟化技术对这些设备进行虚拟化,形成强大的虚拟服务器,在这台虚拟服务器上可以创建多个可配置的虚拟机,存储和计算能力可以动态扩展及相互共享,并且在这些虚拟机之间能实现全面隔离。

算力服务是算力中心提供的基本服务,包含计算、存储、网络等 IT 基础设施硬件能力,并实现与元宇宙技术中心中提供的各类基础元宇宙能力进行交互。算力中心支持多个用户共用一套算力中心平台,根据各自需求申请不同配置的算力服务,并可以保障用户之间的数据隔离,提高信息安全性。算力中心具备资源调度能力,支持不同类型的分布式运算程序,与用户运行的程序完全解耦,提高算力中心资源的利用率。

随着数字政务的发展,特别是近年来国家将人工智能、大数据等新基建作为经济建设的重点任务,各地政府基础设施建设目前正在迅猛发展,算力中心已经成为支撑人工智能和大数据的基础设施和重要因素。算力中心的建设应本着绿色、高效、集约的发展道路,多省、市或多地区可以统一规划布局,构建一个集约化的政务元宇宙算力中心,提供统一、共享和弹性扩展的算力能力。

集约算力中心可以支持各级政府多个数据中心分散分布,通过统一资源调度平台，提供跨数据中心的服务器资源、存储和计算资源的统一管理，并支持分布式计算、弹性调度、负载均衡和安全保障等能力，用以承载各政府的数字人等应用建设需求。此外，集约算力中心平台通过统一建设部署公共的人工智能、大数据、3D建模渲染等技术引擎和工具，同时为所有的元宇宙应用建设者赋能，从整体上使处理能力和存储能力的可用率最大化。

## 二、政务元宇宙技术中心

政务元宇宙技术中心建立在算力中心的基础之上，由平台引擎、管理系统和应用支撑服务等构成，针对元宇宙应用的部署架构和技术需求，为业务能力中心和各类应用提供技术支撑。

平台引擎主要提供操作系统、中间件和数据库等基础软件部署环境，为元宇宙应用中所需的人工智能、大数据、3D建模、渲染引擎等技术提供基本运行环境和工作引擎，如政务元宇宙中的身份认证需要平台为其提供区块链技术支撑，数字人需要平台为其提供强大的人工智能、3D建模和渲染引擎能力，元宇宙的应用服务和数据处理需要平台为其提供人工智能算法和大数据引擎能力，智能终端则需要平台为其提供物联网引擎能力。

管理系统主要为整个算力中心平台提供多种管理、运营和维护方面的工具，如用户管理、服务管理、资源管理、运维管理、安全管理等功能。

应用支撑服务是根据元宇宙应用的实际需要，基于技术中心平台中的技术引擎，制作生成的公共服务能力和工具，如3D建模工具、数字人大脑服务、内容审查服务等，有助于上层应用建设的能力复用和开发效率的提高。

## 三、政务元宇宙业务能力中心

政务元宇宙业务能力中心依赖于算力中心、技术中心提供的资源能力和应用支撑能力，通过不同部门政务系统的业务连接与数据融合，提供数据主题建模、治理、分析的数据服务，及提供业务流程抽象、整合、重用的业务服务，支撑业务服务的灵活构造和敏捷研发，实现场景与服务关联。

政务元宇宙业务能力中心建设体系包含数据服务层和业务服务层两个核心部分。

数据服务层主要通过采集和交换，打通各政府部门的数据，以全域业务数据为基础，提供数据主题建模、数据清洗与治理、数据分析与知识提取能力，形成全数据生命周期的数据服务体系，支撑整体业务服务的需要。

业务服务层主要是服务于应用层，提供集约、协同、共享的政务服务，业务服务层不是简单地把不同系统的功能进行罗列开发，而是通过把所有业务流程进行梳理和划分、建模和服务设计，构建成通用化、标准化和可复用的政务服务，提高对应用层多样需求的灵活支撑能力。

业务服务层与数据服务层是相辅相成、相互协作的关系，业务服务层与数据服务层侧重的方面不同，业务服务层侧重将业务流程中共性的服务抽象出来，为应用层提供通用的服务能力，如身份登记、企业开办、纳税办理等，并可以将沉淀的业务数据传递到数据服务层。数据服务层侧重于数据服务计算，实现对数据进行建模和分析，挖掘出有价值的信息，为业务服务层和应用层基于数据反馈的能力提供强大的数据支撑，如政策图谱、智能客服等，与业务服务层形成循环持续的数据闭环。

政务元宇宙业务能力中心建设并不是一蹴而就的，也不是一成不变的，数据服务层和业务服务层都需要随着政务服务的发展不断优化与演进，对新功能进行迭代升级，对已有功能进行长期维护和运营，让数据服务和业务服务在整个流程中都能持续发挥作用。

## 第三节　政务元宇宙的建设运营机制

政务元宇宙的建设运营参与者主要划分为管理方、需求发起方、设计方、建设方、运营方。

（1）管理方：各地政府应建立政务元宇宙发展的统筹协调机制，设立或明确建设管理工作机构，加强宏观指导、统筹规划、跨部门协调和统一部署，对政务元宇宙相关重大事项进行决策，协调解决相关重大问题，统筹部署政务元宇宙建设运营项目；统筹公共数据的采集、分类、管理、分析和应用工作，提高数据统筹、集约、共享力度。

（2）需求发起方：各级政府业务部门或委托的企事业单位作为需求发起方，在政务元宇宙建设规划、功能定位方面提出明确业务需求，参与项目规划、设计、建设、运营和评价等相关工作。

（3）设计方：开展政务元宇宙项目的规划和设计，根据需求内容、建设基础、业务特征等进行建设项目的统筹规划、整体设计，提出总体设计方案。设计过程中应借助专家、研究院所和第三方咨询机构等专业力量，提高政务元宇宙的规划、设计水平。

（4）建设方：一般为从事信息系统集成、软件开发的科技企业，并需要对政务业务有深入理解和认识。建设方应拥有较为全面的元宇宙相关生态合作伙伴及具备整合能力。建设方根据总体设计方案进行技术评估、元宇宙技术选型、项目开发、调试运行等工作，保障系统顺利上线运行。

（5）运营方：运营方是和最终用户最直接的接触方，对政务元宇宙的使用体验和更新迭代起着最关键的作用。运营方通过政务元宇宙运营过程中的大数据分析、本地热点推送、平台活动等方式引流，为政务元宇宙业务顺利开展提供保障。

政务元宇宙建设要充分调动各方的积极性，可引入企业参与投资、建设和运营。建设运营模式主要分为"政府投资+企业建设运营""政府企业共同投资建设运营""企业投资建设运营"三种。

（1）"政府投资+企业建设运营"模式：政府和企业通过签订合同明确建设任务和分工，开展项目建设和运营。运营过程中，政府对企业运营活动进行监管，企业通过开展有偿服务的方式获得收益。

（2）"政府企业共同投资建设运营"模式：该模式通常由政府投资平台和社会资本合作共同出资组建政务元宇宙平台公司，平台公司负责政务元宇宙的建设和运营，通过特许经营开展有偿服务获得收益。此外，该模式也可以由政府和企业共同出资，由企业独立建设运营。该模式可以兼顾政府和企业利益诉求，合理配置市场资源，减轻政府财政投入压力，提升市场主体的参与程度。政府需要强化对企业的服务过程、服务效果和信息安全的监管能力。

（3）"企业投资建设运营"模式：该模式由政府统筹政务元宇宙规划布局，通过政策引导社会资本投资开展政务元宇宙建设运营，政府部门通过购买服务的方式入驻政务元宇宙。该模式可以为政府节省财力、物力和人力，同时充分发挥市场主体专业化建设运营优势。相对而言，由于企业自负盈亏、承担投资压力和经营风险，其服务质量受经营管理能力影响，存在一定的不确定性。

在政务元宇宙实际建设过程中，各地政府部门应从建设基础、使用需求、经济情况、市场化水平、回报机制、风险管理等多个维度进行充分考虑，选择适合的、可持续的建设运营模式。

# 第十二章

# 政务元宇宙发展风险与治理

▷ 政务元宇宙发展机遇与风险压力将长期并存，其建设治理需遵循发展与安全并重的基本原则。

▷ 基于元宇宙的核心要素、参与主体、发展阶段三个维度，构建政务元宇宙发展风险评估框架。

▷ 基于IT治理理论，提出"制度+规范""技术+运营""监督+激励"的政务元宇宙发展风险治理策略。

政务元宇宙的发展涉及多种新兴技术，还需要与现有的政府治理形态相融合。面对这个复杂的治理新形态，发展机遇与风险压力将长期并存。

本章聚焦政务元宇宙发展与建设，构建了政务元宇宙发展风险评估框架（Government Metaverse Risk Modeling，简称为 GMRM），从技术与数据、政策与制度、产业与运营以及价值与伦理四个方面，对政务元宇宙发展中可能出现的风险进行系统分析。为防范和化解风险，本章基于 IT 治理理论，从政务元宇宙发展的六大治理原则出发，提出了政务元宇宙风险治理策略。

# 第一节　潜在风险分析

## 一、元宇宙风险分析

在多种技术创造出的虚实融合的元宇宙中，人们不仅能工作、娱乐、生活，还能在其中实现虚拟构建和创造。在这个全新的无限可能的虚实空间里，无限可能的风险也潜藏其中。当前，元宇宙技术及应用处于起步阶段，人们对元宇宙可能会出现的风险还没有足够的认识。这些潜在风险可能包括从现实世界映射到虚拟世界过程中的风险问题，也包括由于虚拟世界自身及其对现实世界重塑带来的风险挑战。对元宇宙可能带来风险的研究主要有两个方向：一是针对元宇宙及其高度相关的互联网、大数据、区块链、人工智能等技术业态带来风险的分析；二是元宇宙发展演化过程中对社会形态、价值伦理、治理规则等的重塑带来的一系列更深层次风险的分析。

基于现有元宇宙技术与产业的发展情况，有学者归纳了元宇宙的十种风险：资本操纵、舆论泡沫、伦理制约、垄断张力、产业内卷、算力压力、经济风险、沉迷风险、隐私风险和知识产权风险。韩国元宇宙研究专家金相允博士则从数据安全性、沉迷性、权属规则、人类自身等方面对元宇宙风险进行了分析。还有一些专家学者则聚焦于元宇宙对人类的潜在伤害进行探究，从心理健康、生命安全、数字权利、隐私安全、身份认可等方面进行了分析。本书将元宇宙带来的风险归结为以下五点：经济风险、产业风险、技术风险、制度风险以及伦理隐私风险。通过现有研究，我们可以看到元宇宙技术及其产业的发展将给人类社会的方方面面带来冲击和影响，这种影响随着技术的迭代和产业生态的演变，将长期伴随元宇宙的发展进程。

当我们对元宇宙未来的发展充满想象和无限憧憬时，还需要对可能发生的风险进行提前预防和治理。总结来看，应对元宇宙带来的潜在风险，可以从参与主体（政府、企业、用户等）、空间载体（交互媒介、基础设施、网络环境等）、服务内容（服务、管理、决策、交易等）以及制度规则（法规、标准、激励策略等）

这些方面进行治理体系的建构。

## 二、政务元宇宙风险分析

未来，政务元宇宙作为信息技术及多种新兴技术集成的基础的新型政府工作模式，其对政府治理效能提升、推进国家治理现代化进程的重要意义和巨大价值显而易见。但是从另外一个角度思考，元宇宙的发展目前还处在探索阶段，发展过程中将会遇到很多问题，像互联网、区块链等很多新技术在政务领域的应用也会存在一定风险和安全问题。如同乌尔里希·贝克在《风险社会》中说的："现代化以一种自反省的后果生成了系统性的风险图景。"

政务元宇宙项目的建设具有政府主导、投资规模大、时间周期长、涉及面广、多种创新技术集成以及人力资源依赖度高等特点，是一项艰巨而复杂的系统工程。所以，对于政务元宇宙的风险分析需要从政务元宇宙的意涵属性、核心要素、组织目标出发，从建设阶段、参与主体、全要素、多层次、多角度分别探讨。

已有研究中存在较多对政府数字化转型中的风险识别和分析方法模型，比如解释结构模型（Interpretative Structural Modeling，简称为ISM），关键威胁、资产和脆弱性评估（Operationally Critical Threat, Asset, and Vulnerability Evaluation，简称为OCTAVE），以及美国国家标准与技术研究所（NIST）提出的风险管理框架（Risk Management Framework，简称为RMF）等。以上风险分析模型通常从技术系统出发，识别关键问题和导致因素，结合专家法和成熟度评估进行风险分析。

但是对于元宇宙这一新兴领域，需要更为灵活、全面、有效的风险评估框架。本书根据复杂系统分析理论，基于政务元宇宙的核心要素模型，增加参与主体与发展阶段两个维度，构建了政务元宇宙发展风险评估框架。政务元宇宙的五个核心要素是理解和发展整个体系架构的关键基础，也是识别政务元宇宙风险问题的关键分类。在此基础上增加参与主体变量是为了实现政务系统的360°管理，引用利益相关者理论实现政务元宇宙中各个主体的参与分析和考核评估。引入政务元宇宙项目的建设阶段和发展生命周期则是拓展模型的时间维度上的解释能力，也反映了政府数字化转型项目建设的内在规律性，最终提升系统风险分析的动态演进能力。各层次面临的安全风险包括政策与制度风险、技术与数据风险、产业与运营风险、价值与伦理风险。

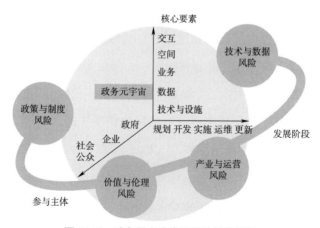

图 12-1　政务元宇宙发展风险评估框架

## 1. 技术与数据风险

政务元宇宙的发展需要依靠多种技术的集成融合，具有现有技术与多种新兴技术不断发展和演化的动态性。例如，以"云大智移链"为代表的底层支撑技术，使政务元宇宙的互联性、拓展性、体验性得到跨越式发展，但是同时它也是一把双刃剑，使风险源、风险单位、风险扩展速度进一步放大。网络承载力、算力、信息采集能力、信息服务能力都由底层设施与技术决定，而任一环节和层面发生问题，带来的风险传导性是过去单一业务化的电子政务风险领域所不可相比的。底层技术的整体架构、技术标准性、安全管理体系都需要在项目建设初期进行缜密的计划，如何给未来项目建设更新换代留有余地、如何适配不同模块的组合、如何融合新兴技术的安全进入都将是更加严峻的挑战。

数据是构成元宇宙的基础要素，政务元宇宙的虚实融合空间则需要将一切活动数字化。数据安全主要涉及三个方面：（1）个人数据方面，用户的虚拟身份可能被盗取，个人数据更容易被复制、窃取、擦除或操纵；（2）政务部门的数据无法准确采集风险；（3）数据的流动存在风险，政务元宇宙的数据流动化程度越高，面临的安全挑战越大。政务元宇宙面临的安全风险，本质也是数据安全带来的挑战，网络安全、数据安全、算法安全等元宇宙环境运行的基础设施需要不断升级。

政务元宇宙中的数字空间信息与广义元宇宙的信息可以实现高频跨越边际交换，并且信息量将会进一步增加，信息边界无限扩大，普通用户的信息泄露问题、非法信息传播问题以及信息犯罪问题将和信息效率的提升共同存在。而政务元宇宙如何扩大保障范围，有效提取信息、整合信息、识别信息、监控信息，最终在元宇宙环境中塑造有效、全面的政务监管数字主权，将成为进一步挑战。

### 2. 政策与制度风险

政策导向和政府态度是影响元宇宙产业发展的关键因素，由于目前政务元宇宙还处于初期探索阶段，政府办事人员对于政策理解的主观性、片面性都可能导致政策传导中的风险。部分领导还会受电子政务过往建设经验的影响，忽视政务元宇宙建设的复杂性，注重短期效益，仓促计划而导致盲目设定建设周期，造成项目无法按照实际情况推进。同时，政策存在与地方法规、条文相矛盾而导致无法推进的情况。

此外，不同区域的发达程度不同，政务能力的优先建设会加剧区域发展的差异性。这对政务元宇宙的顶层设计的灵活性、开放性、可扩展性提出更高要求。政策对于元宇宙发展的重要性不言而喻，政策波动性和导向性将影响不同地方项目的建设和市场变化。

### 3. 产业与运营风险

政务元宇宙的发展依靠的不仅是内部组织的革新和变革，而且更需要多种新兴技术的融合和嵌入。而多种技术的集成是组织、资源、参与主体的融合集成，项目建设需要在不突破现有政务规模的基础上，通过外包、合作等方式引入新的技术提供方和组织参与者。外包团队选择、招投标流程安排、组织间的融合、职责的分配、关键技术的管控等问题都需要慎重管理，否则很容易因为管理人员的权力滥用而导致寻租行为、腐败行为、恶意竞争、项目控制权丢失等不良后果，对整个政务数字化的改革造成巨大风险。同时，不同参与主体因对于项目最终期望不同、实施单位技术能力不同以及不同政府数字化建设阶段不同等，可能会导致政务元宇宙建设中的"重复投资"，如何提升项目技术的动态迭代能力及不同项目之间的融合能力将成为政务元宇宙的下一步挑战。

政务元宇宙的建设需要较高的人力资源支撑和资金支持，在建设初期需要大量技术人员开发、设计，在建设运营阶段需要大量人员长期维护、监督。元宇宙的多个技术集成的过程还涉及团队配合的问题，开发中容易出现认识不统一的风险。人员风险对项目的进度建设、质量提供、运营长期保障影响提出更高要求。资金使用需要合理分配、有效管理和严格监管。

### 4.价值与伦理风险

政务元宇宙应用建设目标和最终用户实际需求可能产生差异。政务元宇宙建设的服务目标虽然是更全面的服务范围、更透明的政务信息公开以及更真实的场景体验等，但是实施落地后可能会因为公众实际使用需求与建设目标错位，对政府虚拟化运转缺乏安全感，进而对政府服务产生抗拒心理等，最终导致用户的实际服务使用率低下。

公众对政务元宇宙服务的使用能力可能产生差异。以数字人为代表的政务元宇宙交互技术将会进一步提升"人机物"三者之间的融合交互能力，但是不同群体对于享有服务的能力存在"服务鸿沟"，这种不同群体的可触达性和可使用性能力差异，将会导致公众享受服务能力的不平等性。因此需要建立完整的多级社会效益评估目标体系，从群众的基本体验和需求出发，提升社会公众对于新服务模式的支持度和配合度,这将是未来政务元宇宙建设中的一大挑战。

公众对政务元宇宙的使用反馈可能会对政府组织声誉造成影响。群众用户对服务体验的真实体验口碑和舆情传播带来的媒介传播风险将会进一步放大。在传统政务服务中,基层员工与群众的线下交流服务,更容易形成紧密的服务关系,而数字人等交互手段能否破除"数字政府"发展中"治理疏离"现象,也是政务元宇宙面临的新挑战。

对于公众使用元宇宙时引发的价值和伦理问题,如何发挥政务元宇宙的有效引导、实时监督、快速处置的治理作用将成为难题。人们在元宇宙中创造无限可能的同时,也会由于缺乏伦理的约束放大人性中恶的一面,对政府的监督和治理能力也提出更高要求。在互联网时代,人类社交已经开始脱离物理空间约束,与陌生人进行随时随地的交流,虚拟身份已经滋生出网络诈骗、隐私盗取、用户骚扰、信息泄露等各种各样的问题。随着元宇宙中虚拟身份的可塑性增强,社交恐惧、社交信任、社交疏离也将进一步加剧,这可能会导致一系列社会伦理问题。

在政务元宇宙的发展建设中,我们需要认真、谨慎、全面地对待风险,正视发展过程中可能发生的问题,评估参与主体的各类活动行为,制定有效合理的政策法规,降低风险发生的可能性。

## 第二节 政务元宇宙风险治理与策略

### 一、治理理论基础

对于政务元宇宙的治理，本书借鉴经典的 IT 治理理论中决策、问责、激励三个维度框架，构建政务元宇宙治理体系。该体系明确了政务元宇宙发展中治理的决策权归属、责任约束以及风险控制的基本原则。

决策权包含生成决策建议、决策批准、决策执行、决策监控等内容。决策权与问责制有关，有专家学者认为问责制传统约束是通过由机构管理的合同和法律框架来制定、规定和实施的，而 IT 治理中可以通过 IT 基础设施来落实问责，以进行绩效激励和风险控制。

政务元宇宙的治理要适应元宇宙去中心化的决策形式和合约问责的技术约束，要适应分地区、分部门的建设形式，并兼顾治理过程全业务场景化、现实虚拟化、动态演进化等特征要求。元宇宙边界的拓展性和泛中心化的组织形式，与现有行政体制的集中化决策模式存在一定矛盾。以智能合约为代表的技术问责给元宇宙治理带来了破解矛盾的可能性，可以将制度规则、评估手段、保障机制等写入政务元宇宙底层技术环境，从而对政务元宇宙发展的风险进行规制。

## 二、主要治理原则

在政务元宇宙的治理中，我们需要根据国家治理、政府治理、社会治理的基本思想，结合政务元宇宙的内涵特征，对 IT 治理理论中的决策、问责和激励的治理维度进行有效融合。首先，我们需要明确在元宇宙环境中的治理主体，包括政府机构、企业、公众等，治理主体的明确对元宇宙治理维度的拓展提供了落脚点。其次，我们需要明确治理手段是指法律、技术、制度等多种手段相结合，需要构建"多主体""多手段"合力的治理综合格局。最后，结合数字治理和政务数字化建设的经验，本书提出以下应对发展政务元宇宙的治理原则：

（1）以人为本，满足公众需求。政务元宇宙需要从现实环境出发，紧紧围绕群众关心、关注的政务、经济、民生等领域，坚持以需求为导向，使政府、教育、医疗等机构提供的服务能够实实在在普惠群众。

（2）统筹共建，推动均衡发展。政务元宇宙需要纵向贯通、横向协同，构建一体化的政务元宇宙，所以需要以系统观念进行整体规划、统筹布局，构建上下贯通、条块结合的架构体系。

（3）虚实融合，提升治理能力。政务元宇宙需要本着从实到虚、以虚促实、虚实融生的原则，拓展业务空间，提升不同时空场景下的政府治理能力。

（4）协同共享，改善决策能力。政务元宇宙需要提升各机构间业务协同效率，建立整体高效的决策运行体系，构建开放共享的数据治理基础，创新全局智能的决策模式。

(5)创新引领,促进开放合作。政务元宇宙需要充分运用新技术,以技术创新促进治理创新,打造政务服务新模式,着力提高政务服务智慧化水平;推动数据开放和场景开放,强化政府、企业、公众的共建共用共享。

(6)安全可控,保障技术支撑。政务元宇宙需要坚持发展与安全并重的思想,建立技术与管理融合、全要素、多层次的元宇宙安全保障体系;形成实战化、体系化、场景化、可扩展的一体化防御能力,打造安全可控的技术路线。

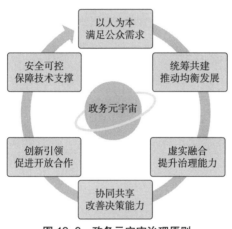

图 12-2 政务元宇宙治理原则

## 三、风险治理策略

从风险管理角度,运用政务元宇宙风险评估框架,基于 IT 治理理论对政务元宇宙发展风险进行评估和治理,将风险控制在可接受的水平。遵循政务元宇宙发展治理原则,对不同发展阶段和不同的建设模式,科学系统地构建政务元宇宙发展风险治理策略。

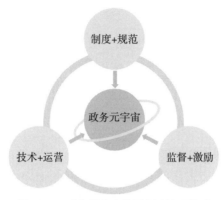

图 12-3　政务元宇宙发展风险治理策略

## 1. 制度+规范

（1）创新体制机制。创新政务元宇宙建设发展的体制机制，设立政务元宇宙建设管理领导小组，统筹协调多方力量，整合多种资源，提升政务元宇宙的管理、建设和发展水平。明确建设目标，建立责任分工体系和激励问责制度，增强政务元宇宙发展的内生动力。建立政务元宇宙试点示范和推广机制，加快政务元宇宙的落地实施，并取得成效。

（2）健全法律法规。遵循发展和安全并重的原则，加快推动完善政务元宇宙领域中涉及的法律法规，如数字产权、数字人身份认证、物权认证等方面的立法工作，为元宇宙发展提供法治保障。另外，需探讨"法律+技术"新型规则体系，以"法律+代码"的形式植入政务元宇宙底层环境中，实现对元宇宙系统性的技术问责。

（3）制定标准规范。建立完善覆盖基础、技术、管理、测评、服务、信任等类别的政务元宇宙安全标准规范体系。重点围绕元数据、数据元件、交互设备、数字人等方面，制定技术和服务标准。制定完善覆盖应急管理、安全运维、安全教育、督查检查等领域的风险控制细则和操作规程。

### 2. 技术+运营

（1）落实安全技术支撑。政务元宇宙的发展需要搭建可信、可靠、可控的基础技术支撑。针对政务元宇宙中数据量大、设施集成复杂、高算力、低延迟等技术运行要求，需要保证基础设施安全建设，搭建通信稳定运行网络，加强数据防护和算法治理基础水平。应用场景和交互层的发展则需要使用多种技术时，如算法、渲染引擎、显示、交互、认证等技术，保证稳定性、可扩展性、有序性、可信任。完善覆盖安全基础设施、安全运营、应用安全、数据安全及新技术应用安全的技术手段和能力，全面加强政务元宇宙安全的关键技术支撑。

（2）构建风险防范平台。政务元宇宙具备治理空间拓展、服务场景和交互方式丰富、数据交换高频以及治理决策智能化等特点，需要建设多层级、多场景、多终端的风险监测预警平台。以此提高底层约束能力，将智能合约、风险监控、轨迹跟踪等技术作为政务元宇宙的底层公约嵌入治理体系中，建立风险识别、动态检测、风险预判、跨时空捕捉、异常分析等能力，提升系统性安全风险态势感知和风险防范能力。

（3）筑牢安全运营体系。政务元宇宙的安全运营需要构建统一的安全防护、安全分析、应急响应、协同指挥、快速处置能力体系。利用数据分析、智能处置等技术，实现多端化、自动化、智能化的安全运营，提供覆盖全建设阶段、全基础设施、全数据生命周期以及全服务场景的安全运营保障能力。例如，在内容审查方面，利用数字人的智能审查功能，对元宇宙中视频、物体、生物进行信息识别，实现政务信息和服务的自动纠错、智能处置、快速处置等功能。

（4）创新安全技术。加快发展安全可控的新技术和重要领域核心关键技术创新，增强数据安全领域如零信任技术、多方安全计算、隐私计算、联邦学习、同态加密等技术的创新能力，推动政务领域边缘计算、安全对抗模拟、交互媒介、场景控制等安全技术的创新。

### 3. 监督 + 激励

（1）建立目标责任机制。明确政务元宇宙发展管理目标，厘清参与主体的责任分配，落实监管部门责任，引导项目实施单位自我监督履责，引入第三方机构和社会公众评价监督，提升安全监管的效率与能力。

（2）建立激励与约束机制。政务元宇宙概念和技术还处于创新发展阶段，需要对各种可能性保持开放态度。基于实际需求明确发展的主要目标，设立激励为主、激励与约束相结合的机制。建立技术驱动的政务元宇宙绩效考核评估机制，利用区块链、零信任等新技术打造底层工作证明系统，以此强化发展管理、监督考核、投资评价、结果通报、约谈制度，实现以评促建。

（3）建立质量管理机制。加强政务元宇宙项目质量管理，执行标准规范性验证和产品质量的双向深入检测。组建质量管理团队，分析项目管理、产品研发、运维管理、运营管理现状，定期输出过程监控与质量监控报告，优化质量管理流程，加强项目实施流程监督。

# 后　记

这是一个需要理论也必将产生理论，需要思想也必将产生思想的时代。大变革、大融合、大时代给了我们历史性的机遇。《政务元宇宙》的写作过程，给出了一个理论创新的模式。

## 1. 卓越的实践

元宇宙概念提出以来，人们在虚拟现实、区块链、数字货币、游戏、人工智能等领域的研究，已经取得了不同的成果。虚拟现实技术给了人们虚实结合的能力，区块链正在尝试一种新的经济体系，数字货币已经在许多领域得到试点和应用，游戏事实上扮演了文化普及的角色，人工智能已经进入人们的生活中。当把这些技术领域的变革空点连线，逻辑推演，我们清晰地得出了未来社会的样貌，强名曰："元宇宙"。

在政务领域，开普云已经默默耕耘了二十余年。纵观全国，开普云有2 000多家政府客户，累计服务的客户包括80%的省级政府、60%的市级政府、60%的国家部委及中直机关，在政务服务市场处于行业领先地位。元宇宙大潮涌动之际，数字政府下一步的发展方向在哪里？洞察趋势的往往来自一线的实践者。

因此，在开始写作《政务元宇宙》时，对于各类政务服务、各行各业、各类技术发展变化，我们已经掌握了的第一手的材料。所谓观千剑而后识器。

### 2. 广泛的跨界

思想的火花总是在激励的碰撞中产生，尤其是不同学科、不同领域的跨界碰撞。清华大学团队、开普云团队不断交流、讨论、碰撞。从春节开始，开普云动员各个部门精英力量，在较短时间内就拿出初稿。在此基础上，清华团队全面介入，一轮轮讨论，逐章节分析，逐图片斟酌，逐段落推敲，方有个大致模样。再邀请数字政府不同领域的专家学者，共同参与讨论，听取各方意见，数易其稿，终于成书，和读者见面。

### 3. 新颖的探索

本书做了"政府数字化发展的五个阶段""政务元宇宙五大构成要素""数字人的三十二种分类""政务元宇宙的业务模型""政务元宇宙发展风险评估框架""政务元宇宙实施方法论"等创新探索，处处闪现了群策群力的升华和凝练。

理论之所以能指导实践，就在于人们具有总结提炼的能力。

这个过程是痛苦的，穿透迷雾的凝练话语，似乎总是跟大家捉迷藏。总是众里寻她千百度，而且未必在灯火阑珊处。这个过程是快乐的，思想的升华，确实在不经意间来临，送给大家惊喜。更重要的是，在这个过程中，形成了可供复制的理论创作模式。

# 后 记

《政务元宇宙》对于开普云公司而言，是公司价值体系的重塑的一部分，是公司元宇宙战略转型升级的标志。

每一个时代，总有一些公司在引领，引领者在时代变革中贡献着巨大的能量。同时，我们观察到凡是可以引领一个时代的企业，必须具备五个条件：第一，思想上要有创见；第二，市场上要有空间；第三，产品上要有支撑；第四，技术上要能引领；第五，客户上要有依托。只有具备这五个条件，才有资格成为时代的引领者。

引领一个时代，首先是敢不敢做，其次是能不能做，最后才是怎么做。

敢不敢做主要指的是思想认识。是否透彻地理解了时代特征？是否敏锐地捕捉到了时代变化的信号？是否形成了完整的理论体系？

能不能做主要是指市场空间和技术积累。市场是否足够大，大到引起同行侧目，大到引起资本关注。那些让人敬仰的公司，莫不是在巨大的市场中搏击。市场越大，技术就能越领先。市场和技术同样是相辅相成的，我们用市场带动技术的发展，也可以用技术驱动市场的形成。元宇宙时代，出现了新的引人瞩目的技术，关键在于这些技术是否创造了大家喜闻乐见的产品。

怎么做体现的是执行的能力，它是把梦想转换为现实的载体。纵观已经取得成就的企业，无不体现着较强的执行力。它是指落实到行动中，扎扎实实地快速落实每一件事。

开普云从出版《政务元宇宙》这一刻，就注定要引领这个时代的发展。

《政务元宇宙》是团队协作的典范，体现了跨组织团队的执行力和战斗力。在写作过程中，开普云写作团队放弃了春节假期，总裁严妍带队，在与战略部门、市场部门、售前部门、技术部门的共同努力下，在较短的时间内完成了初稿。具体每个人写哪一章哪一节已经不重要了，重要的是大家的投入终于换来了累累硕果。大家的名字已经深深铭刻在《政务元宇宙》中。

清华团队的加入是从实践到理论升华的关键一步。孟庆国老师的肯定和全力投入，给了我们信心和力量。自3月开始，《政务元宇宙》写作进入理论创新的阶段。诸位老师和同学领衔编写不同章节。他们同样放弃了假期，在繁忙的学术研究中，拿出大量时间，投入到创作中来。

感谢中译出版社在本书出版过程中对每一个环节都无条件地配合支持，才让这本书在最短的时间内面世。

政务元宇宙是一个全新的概念，系统、完整的实践还不多见，我们也是在不断探索实践中不断完善。另外，本书成书时间较短，团队水平所限，错误之处难免，还请各位批评指正！

# 作者简介

**孟庆国**，清华大学公共管理学院教授、博士生导师，长江学者特聘教授。现任清华大学国家治理研究院执行院长，教育部哲学社会科学实验室–清华大学计算社会科学与国家治理实验室执行主任，清华大学中国电子数据治理工程研究院院长，清华大学互联网治理研究中心主任。主要研究领域包括数字时代的政府治理、电子政务与数字政府、政务数据治理等。

**严　妍**，开普云信息科技股份有限公司总裁，欧美同学会留加分会秘书长，中国知识产权联盟副理事长，北大–开普云"数字化转型"联合实验室主任。主要研究领域包括元宇宙、电子政务与数字政府、数字文化、网络空间治理等。

**赵国栋**，开普云首席战略官，中关村大数据产业联盟秘书长，北京市科协第十届委员会委员，国家发改委数字经济新型基础设施研究课题组牵头人。著有《元宇宙》《元宇宙通证》《大数据时代的历史机遇》《产业互联网》《数字生态论》等。